九星氣学風水で奇跡を起こす

生きる望みと
願いをかなえる
方位のちから

富安 里佳 著

知道出版

はじめに――吉方取りの効果と魅力

「氣学」によって私の人生が大きく変わった

黒川温泉ってご存知ですか？

私は、本書を九州は阿蘇の温泉地、黒川温泉にある老舗旅館で、期間限定の仲居《なかい》見習いとして働きながら書いています。

こんな出だしではじまると、読者のみなさんは不思議に思われるでしょう。

なぜ九州の黒川温泉なのか、そして、なぜこの地で仲居として働きながら執筆することになったのか。

それもすべて、これから説明する「氣学」というものに出逢ったからにほかなりません。

名古屋で生まれ育った私は、一度も愛知県から離れたことがありませんでした。

それがなぜ、九州に来ることになったのか。

それは、半年前から「今の自分を変えたい！」という思いが無性に強くなったからです。

「氣学」の特徴的な開運占術のひとつに、吉方（自分にとっての良い方位）へ行くことで〝吉運のパワー〟がもらえるという効果があるのですが、それを今、実践しているのです。

「今の自分を変えるには行動するしかない！」と決断し、数カ月前から着々と準備をはじめていました。

すると、まだ九州へ行く前から不思議なことが次々と起こりはじめました。

「氣学」では、自分が吉方へ動くと決めた瞬間から、もうその効果が出はじめると言われています。それは顕著に現れました。

九州へ行く1カ月前には、今までご指導して下さっていた協会を卒業することになったからです（これも後に必然だとわかる）。その後、すぐに新たな師と仲間に恵まれ、環境が目まぐるしく変わりました。

「氣学」の効果と魅力を多くの人たちに伝えることに忙しくなり、新たな出逢いから出版のチャンスを掴むことができたのも、この「氣学」の効果であると確信しています。

吉方を取るために黒川温泉へ向かった話は、吉方効果の説明と共に、引き続き第9章で詳しくご説明します。

そもそも、本書の内容は〝氣学開運の魅力〟ですが、私の個人的な出来事からお話させてください。

戦時中、東京で修業をしていた祖父は、東京に空襲があるという噂を聞き、そこから逃げるように名古屋へ移り住んできたそうです。

名古屋で飲食店を営むことにした祖父は、昼夜問わず働き、その後、結婚して父が生まれました。長野県の山奥に住んでいた母は、食べるものに困らないからと飲食店を営む父の元へ嫁いだそうです。

当時は、家族総出で飲食店を切り盛りしていたそうで、私を身ごもっていた母は、私が生まれる直前まで働いていたせいか、私は未熟児で生まれてきました。そのため、健康に絶対の自信を持てなかった私は、後に「氣学」を学んでその謎が解けたのです。

私がまだ幼い頃、暮れも押し迫る冬のある日、不運は突然やってきました。

自宅兼店舗が原因不明の火災に遭い、いつも可愛がってくれていた祖母を目の前で亡くしました。幼い私には大きな衝撃でした。それがきっかけで「目に見えない世界」に興味を持つこととなり、「自分の宿命」や「生きる意味」とは何かを手探りながらも探求するようになったのです。

それは「目に見えている世界」における、生きて行かなければならない自分との葛藤でもありました。「目に見えない世界」を学ぶための知識や占術などを取り入れてきましたが、納得のいくような判断には至りませんでした。

「人は何のために生きているのか？」という疑問を抱きつつも、「目に見えている世界」を理解するために、仕事や家事に追われながら日々の生活を送っていたのでした。


２０１４年、東京で開催された風水セミナーに参加した際、ひとりの女性に目が留まりました。隣の席に座っていたその女性は眩《まぶ》しいくらいに輝いて見えたからです。

そして彼女は、私にこう言ったのです。「方位で開運できるのよ」と。

その言葉に驚愕しました。氣学との出逢いはここからはじまったのです。


翌年、２０１５年9月にある出来事が起こりました。

年に一度の定期健診の結果、再検査となったのです。

再検査なんてはじめてのことで、たいしたことはないと高をくっていました。

健診とは別の病院で再検査を受け、ドキドキしながら検査結果を待っていました。

待合室には何名か待っていましたが、私の順番があきらかに先にも関わらず、診察室に呼ばれる気配がありません。変だなと不安がよぎりました。

とうとう誰も待合室に居なくなり、最後に私の名前が呼ばれたのです。

そして、医師から告げられた言葉に衝撃を受けました。

「悪性リンパ腫のステージ3です。すぐに入院して治療しましょう」

「入院プランですが……」と淡々と説明する医師の言葉が全く耳に入ってきません。

一体誰のことを言っているのだろう？　と他人事のように聞いていました。

まさか、それが自分のことだったとは！

さらに医師はこう言い放ったのです。

「治療しても、再発するけどね……」

その言葉を聞いた途端、涙がとめどなく溢れてきました──わたし、死ぬかもしれない。

あれから5年。

私は、一度も入院も治療もすることなく、とても健康に暮らしてします。

悪性リンパ腫と宣告された時は気が動転し、冷静さを失っていましたが、私には「氣学」があることを思い出したのです。

その『九星氣学風水』の方位を活用することで、私は、このように元気で生き延びることができました。

私がどのように『九星氣学風水』を用いて、一度も入院も治療もすることなく、生き延びることができたのか、さらにどのように健康になったのか。

私は本書で、その秘密を余すところなくみなさんにお伝えしたいと思っています。それは『九星氣学風水』の魅力のひとつである開運の技術「吉方取りの効果と魅力」でもあります。

さあ、私の〝奇跡〟と〝軌跡〟のはじまりです。「氣学」のすばらしい魅力を受け取ってください。

富安里佳

生きる望みと願いをかなえる方位のちから　◎もくじ

第6章 吉方取りの実践で幸運を呼び込む …… 131

第1章 がん宣告で絶望の淵に

凶方位の病院が下した診断結果

医師の口から告げられたのは、「悪性リンパ腫のステージ3」。しかも、入院、治療しても再発するという衝撃の言葉でした。

ショックが大きすぎて、言葉になりませんでした。涙がとめどなく溢れてきて、連日連夜、泣き崩れる日々が続きました。

何か良い案はないものか——手探りながらも模索しはじめたころ、氣学の方位のことを思い出したのです。

「そうだ、セカンドオピニオンを吉方の病院に変えてみよう！」

流れが変わった瞬間は、まさにこの時からだったのです。

「氣学」を学ぶにつれて、運命を動かす魅力は頭では理解しているつもりでしたが、実際のところは自分が経験していないので、半信半疑だったのも事実です。

世の中にあるものは、目に見えるものだけではない。目に見えない『氣』というエネルギーがあると学びはじめて半年後に起きた「がんの宣告」は、本当に強烈で耐え難い出来事でした。

しかも、抗がん剤治療をしても、再発する確率は高く、治癒することが難しい血液のがんなのです。一縷《いちる》の望みもない診断結果は、まさに「死の宣告」です。来る日も来る日も泣きじゃくり、死ぬかもしれないと思った途端、今まで、生きる希望も夢もなかった私の中から湧いてきた言葉が〝生きたい〟という強い思いでした。

では、「生きる」ためにはどうしたらいいのかと考えたとき、「氣学」のパワーを味方につけて、実践、行動してみることに賭けてみようと思ったのです。すると、生きる〝ちから〟が湧いてきたのです。

そこで、徹底的に「氣学」を研究し、その占術の世界観を自分のものにしていきました。目には見えない「氣学」を味方につけるためには、条件があるのです。

一つは、純粋で素直であること。

もう一つは、行動や決断が早いこと。

『氣』は、目には見えません。常に、雲のように流れ移動している『氣』。だから、その

『氣』を掴むには、チャンスを逃さない気の早さが運勢の強さだと言えるのです。

毎年名古屋で開催される「ウィメンズ・マラソン」は、国内外問わず、多くの女性走者が参加するビックイベントです。

私は一生の記念にと、このマラソン大会に出場するために日々練習を重ねていました。

そして、念願の2015年3月 初のフルマラソンに出場し、6時間かけて42・195キロを無事に完走したのです。そのときの感動は言葉に表せないほどで、本当に嬉しくて、喜びに包まれました。

念願のイベントに参加し、完走できたことはもちろんのこと、年齢に関係なく、幾つになってもチャレンジできることがわかったのです。それだけでなく、参加者はもちろんのこと、それを支える関係者、ボランティアスタッフの方々が一つになり、この大会を盛り上げていることの素晴らしさも体験したからです。

この経験が、私に自信とチャレンジ精神を与えてくれるきっかけになったのは確かでしたが、思い返せば、プロの指導も受けずにマラソン大会に出場したことが、その後のがん発病の一因だったかもしれません。同時期に、家族と人間関係の悩みや不安も日々増していたことも重なり、次第に身体が重く感じられるようになっていました。

現在では、病名を患者本人に告げる病院が増えています。何の心構えもなく、突然、がんの告知を受ける側からしたら耐え難い恐怖です。しかも、目の前にいる医師の診断に基づく告知に、患者は何の疑いももたないと思います。私もそうでした。

しかし、私が受けたがんの告知は、正しいものではありませんでした。間違えることはあったとしても「ステージ1」を「ステージ3」と間違えることがあるでしょうか。万が一、誤診だとしたら絶対に済まされません。しかも、ステージ3なら入院治療が必要、ステージ1なら経過観察で、入院する必要はなくなる。この差は歴然なのです。

私の「氣学」への取り組み方も、告知を受けた後、大きく変わりました。

「氣学」を学びたての頃は、『氣学手帳（吉方を知るための手帳）』を片手に日々の吉方取り、日盤吉方を楽しんでいました。

毎日、日盤は変わる。だから、『氣学手帳』を見て自分の『吉方』を確認することからはじまり、『吉方』がわかると、「その方位にあるコンビニは？　カフェは？」と、『吉方』

のどこにあるかを探して動き回っていました。

なぜなら『吉方』の場所へ行って、身体の中に『氣』を取り込むには、ただ漠然とその場所に行くだけでは効果はないからです。『吉方』に足を運び、その場所で飲食をして『氣』を体内に取り込むことが大切なのです。

『氣学手帳』を見て、『吉方』の選定から私の1日は、はじまります。すると自然に「吉」をいつも意識するようになります。つまり、脳裏に「吉」と刻まれるのです。

吉 ＝ 幸せ

とまずは、脳に勘違いさせることから1日をはじめるのです。

いつもなら、「今日も仕事だ、面倒くさいな」とか、「苦手なあの人と会いたくないな」とか思うことも、「吉」を見てから職場に向い人に会えば、自然とポジティブに考えられるようになるから不思議です。

それを日々、繰り返し行っていくことで効果は明確に現れます。目には見えない『氣』

を受けてどんどん幸せに健康になっていく。吉方に行けば必ず『氣』は存在していて、その場所に足を運び『吉の氣』がいただけるのなら、誰もが欲しいと思いますよね。

こんな世の中だからこそ、常に気持ちを「吉」に保ちたいと思います。

日盤吉方は続けていると、「吉」を自然に引き寄せている自分自身に気付くようにもなります。つまり、幸せ体質に変化していく自分が感じられるのです。さらに続けていくと、『凶方』と『吉方』の『氣』の違いまでわかるようになるとも言われています。

吉方の温泉旅行先で起きた心の変化

血液のがんと宣告を受ける数カ月前から、夫婦で「天道吉方旅行《てんどうきっぽう》」を計画していて、とても楽しみにしていました。

『天道吉方』とは、通常の吉方作用より12倍の効果があると言われているものです。

「天道」とは、その月の方位にお天道様が降り注いでいる方位のことで、「吉方の効果」が高いだけでなく、〝凶を吉に変える〟絶大な効果もあるのです。

宣告を受けてから一週間後、自宅から北東の方位にある岐阜県の下呂温泉が、私達が楽しみにしていた「天道吉方旅行」の目的地でした。

下呂温泉は、泉質が良く、日本三名泉の一つでもあり、私たち夫婦にとって温泉といえば、下呂温泉とほぼ決まっているほど、毎年足を運んでいたなじみの温泉でもありました。

しかし、血液のがんと宣告を受け、入院日や治療計画も決まっていて、全く旅行へ行く気分になれません。今さら、キャンセルするわけにもいかず、溢れる涙をこらえながら、しぶしぶ夫婦で下呂温泉に向かったのです。

「もしかしたら、これが最後の夫婦の旅行になるかもしれない」とも頭をよぎり、そんなネガティブな考えが渦巻く気持ちで、名古屋から二時間弱かけて下呂温泉に到着しました。馴染みの宿で温泉に浸かり、夕食をいただき、ゆっくり就寝に就くはずでした。

でも、眠れない。眠れるはずがありません。

入院、治療しても、再発する可能性の高いがん。私は、あと何年生きられるのだろうか？と不安で押しつぶされそうでした。

そんなことを悶々《もんもん》と考えていると、突如、脳裏にある〝キーワード〟が浮かんできました。

『がん封じ寺』

そうだ！「がん封じ寺」があったはずだ。行ってみようかな。

どうせ死ぬかもしれないのなら、やっておけばよかったと後悔する前に、行って見ようと考えたのです。

もちろん、「がん封じ寺」に行ったところで、がんが完治するかどうかはわかりません。でも、行ってみなければわからない。

私は、すぐに名古屋から近い、「がん封じ寺」を調べました。そして、もちろん「がん封じ寺」が『吉方』になる日を選び、その日に行くことを決めました。

その後、「がん封じ寺」へ行ったことが私にとって、大きな転機となるのですが、その時の私は、知る由もありませんでした。これがまさに〝天道吉方パワー〟の絶大なる効果かもしれないということを……。

吉方の寺院で「食」のアドバイスを受ける

「がん封じ寺」が『吉方』になる日に合わせ、名古屋から電車とタクシーを乗り継ぎ、稲沢市にある「せんき薬師」を参拝することにしました。

そのお寺は、はだか祭で有名な国府宮神社から程近くにありますが、「がん封じ寺」という名の通り、本人や家族ががんで苦しんでおられる方が参拝に来られており、その日も何人もの方が参られていました。

私は、血液のがんと宣告を受けてからまだ1週間程しか経っておらず、心の整理もままならない状態でした。とにかく神仏にすがる思いでこの地に足を運んでいたので、ただただ茫然と、参拝される方たちといっしょに順番を待っていました。

参拝の順番を待つ間、祈祷内容や住所、氏名などを記載していると、「はい、次の方」と呼ばれ、恐る恐る住職の前に座りました。

「どうされましたか?」と住職が優しく声を掛けてくださったので、震える声から絞り出すように現状を説明しました。すると、どうして「がん」になったのか、そして、がんになったのには「意味」があること、「考え方」や「モノの捉え方」また、「食の大切さ」をこの時、住職からとてもわかりやすく説明を受けました。

私は、住職が大きな愛で包み込んでくれているような感覚になり、とても居心地が良かった記憶が今でも鮮明に残っています。

「やっぱり、食が一番大切なのかな?」

すると、せんき薬師堂内に置かれている書籍の中から、一冊の本が目に飛び込んできました。

『がんが自然に治る生き方』

「がんが自然に治る？」「えっ、どういうこと！」「自然に治すことができる？」

すごく驚きました。

がんになったら抗がん剤治療を受け、入退院を繰り返し、死を迎えるものだと医学的な情報に乏しい私は、そう思っていたからです。

私は、その本を食い入るように読み漁り、すぐに書店に足を運び、購入することにしました。住職がおっしゃっていた「食」の大切さについて、この本が教えてくれていたからです。

そして、実際にがんになった方々が食事療法で快方に向かっていること、まったく同じ病名の方による体験談などが実例を交えて掲載されており、読むほどに生きる希望が湧いてくるのがわかりました。

これも『吉方』にある寺院に足を運んだからこその、〝引き寄せパワー〟に間違いないと確信したのです。

ここに来るべき人ではないと告げられる

「悪性リンパ腫」と担当医から宣告を受けた私は、２週間毎に入退院を繰り返し、半年から８ヶ月という抗がん剤治療プランの説明を受け、すっかり落ち込んでいました。しかし、偶然にもベッドに空きがなく、３週間ほどの自宅療養となり、待たされることになったのです。これが、功を奏しました。

「吉方温泉旅行」と、『吉方』にある「がん封じ寺」へ足を運んだ数日後に、「セカンドオピニオンを受診してみよう」と思い立ったのです。

『吉方』に動くことで、運が好転しているような感覚がしていたので——これは、もしかしたら治るかもしれない！　確信は持てないけれど、運に賭けてみたいと思えるようになってきたのです。

セカンドオピニオンを受診する日が『吉方』になる日を選び、はやる気持ちを抑えて病院へ向かいました。

しかし、セカンドオピニオンへは、紹介状もなく勝手に受診しているため、数時間待たされることになりました。ここまで来たら、何時間でも待つ覚悟はできていました。

まもなく午前の診察が終わろうとしている頃に、診察室に呼ばれたのです。

医師の前に座り、言葉を絞りだすように、がんと告知を受けた主旨を説明します。

「悪性リンパ腫のステージ3と宣告を受けたこと」「入院プランが決まっていること」「再検査をしてほしいこと」を包み隠さず話しました。

すると、医師の口から意外な言葉が返ってきたのです。

「ここは、あなたの来るべきところではない」と。

私のがんは、高齢者が罹りやすい病気であること、私のような若い人が罹るのは珍しいらしく、もっと最先端の設備があり、専門の知識を持った病院で診てもらった方がよいとアドバイスをくれたのです。

しかも、緊急の場合でも、すぐに対応可能な病院へ行くべきと他の病院を紹介してくれました。

私は、その言葉を聞いて愕然《がくぜん》としました。自分の病院ではなく、他の病院を勧める医師がいるとは、全く予想していなかったからです。

私がこの病院を選んだのは、今後のことも考え、自宅から近く通院しやすいことを考慮していました。

こんな親切な医師と出逢うなんて、これも〝吉方位の効果なのかしら?〟

思わぬ展開の数々に、「吉方の効果」を体験させられることが立て続けに起こると、信じざるを得なくなるし、やっぱり、「吉方の効果」は絶大だと確信してしまいます。

大学病院のメリット、デメリット

ヒトの体内で正常な働きをする細胞に異常が起こり、増殖を繰り返すようになると「がん」というようです。私は、自分が血液のがんになるまで、がんになる仕組みをまったく知りませんでした。がんになってはじめてそれを知り恐ろしくなりました。

厚生労働省が2019年に発表した日本人の三大死因の第一位は「悪性腫瘍」、いわゆる〝がん〟です。2018年には、3・6人に1人の割合でがんが原因で亡くなっていることを考えるといかにがんが身近な病気であることがわかります。

近年、医学は飛躍的に進歩していて、さまざまながん治療の取り組みが行われているようです。それだけ身近な病《やまい》なのに、まさか自分ががんになるなんて想像もしませんでした。

それまでの人生の中で、幸運にも大きな病気に罹ったことがなく、入院を経験したこともなく、風邪をひいた時や胃腸の調子が悪い時にかかりつけの病院へ通院するくらいだったので、大きな病院のことはまったく知識がなかったのです。

しかも、入退院を繰り返すとなると生活への負担も考え、自宅から近い病院を選びたいと思っていました。何より一番心配なのは、がんに掛る費用負担と不安でした。最初の病院でがんと告知を受け、すがるような思いで飛び込んだセカンドオピニオンで、紹介状もない私に再検査も行わず、親切に対応してくださったこと〝天から救いの手〟が差し伸べられたような気分でした。

情報や知識が全くないので何も聞かされなかったら、最新の医療施設と技術が揃っている大学病院を真っ先に選んでいたかもしれません。確かに、大学病院は最先端の設備が整い、研究が進んでいて、高度な技術があるかもしれないけれど、それゆえに研究対象にされるかもしれないことを、この医師は暗に教えてくれたのです。

私の血液のがんは高齢者が罹りやすい、悪性リンパ腫の中でも極めて珍しい「濾胞性《ろほうせい》リンパ腫」といって、治癒が難しく、再発する可能性を秘めていました。だから、私の年齢でこの病に罹ること自体が珍しいため、研究材料にされやすいのかもしれない。考えただけで恐ろしくなりました。

私は、この〝天の声〟とも取れるべき言葉を真摯に受け止めました。

一体、誰が、こんな親切なことを教えてくれるのだろうか！　大学病院にもメリットとデメリットがあることを。

もし、この判断を間違えていたら、人生が大きく変わっていたかもしれないと思うと、「吉方の病院」で、しかも「天道の付いた吉方」でセカンドオピニオンを受診してよかったと心から思いました。

がん専門病院を勧められる

本来、専門医なら自分の在院する病院を勧めるはずですが、その医師は違っていました。がん治療のことも考慮してくれた上で、がん専門病院を勧めてくれていたのです。

おそらく、この年齢でがんになり不憫《ふびん》に思えたのかもしれませんが、当時の私には、そんなことはどうでもよかったのです。とにかく、生きる希望がほしかったのです。

早速、薦めてくれたがん専門病院を受診する決意を固め、すぐにがんと診断を受けた病院の担当医に連絡しました。

そして、がん専門病院への転院の意向を伝え、紹介状を書いてくれるよう依頼しましたが、案の定、医師は承諾も得ず勝手にセカンドオピニオンを受診したことを快く思っていなかったのです。「紹介状を書いてもいいが、1、2週間はかかる」と言われたからです。時間がかかろうとも紹介状を書いてもらわないと転院できないし、このままだと抗がん剤治療を受けるための入院、治療がはじまってしまいます。

それは、考えただけで恐ろしいことです。

もちろん、紹介状を書いてもらう日も病院が『吉方』になる日を選びました。それもまた、偶然にも「天道」が付く「吉方の日」を選ぶことができたのです。

これも偶然ではなく必然なのかもしれない！

〝凶〟を〝吉〟に変える効果に期待するしかありませんでした。

転院を渋っていた医師に気持ちの変化が起きる

病院を変わりたい！　もう転院するしか残された道はないと思っていました。

担当医師に相談もせず、勝手にセカンドオピニオンを受診したのだから、紹介状を求めても快く思われていないことは承知の上でした。1時間程病院の待合室で待たされました。

「紹介状をお渡しできるのは、1、2週間程かかりますが、それでもいいですか？」と、看護師を通じて連絡を受けました。それでも、私は素直に待つしかありません。

このままだと、この病院に、そして担当医師に任せていたら、私は入院、がん治療を受ける道しか残されていないのですから。〝希望が見えない道を進むのか〟、少しでも〝希望の光が見える道へ進むのか〟の選択を迫られていたのです。

私は、「待ちますので紹介状を書いてください」と看護師に伝えました。すると、その回答を担当医師からもらうために、さらに1時間ほど待たされることとなりました。

すでに紹介状を書いてもらうためだけに2日はかかっています。

もう、ここまで来たら待つことさえ、苦にならない。いつまででも待つ覚悟でいました。

しばらく待っていると、看護師から驚きの言葉が返ってきました。

「今から、すぐに紹介状を書いてくださるそうですから、1時間程お待ちください」と。

「えっ？」

ついさっきまで、1、2週間はかかると言っていた紹介状を今日中に書いてくれるなんて！　担当医師に何が起こったのかしら？　どんな心境の変化があったのだろう。知る由もありませんが、とにかく、紹介状を書いてくれれば、道は開けてくると信じて疑いませんでした。

流れが大きく変わった瞬間でした。

翌日に転院する手続きがスムーズに進み出したのです。

こんなこともあるんだ！　これも『天道吉方』の日を選んで受診した効果なのかと思い知らされた出来事でした。何より〝希望の光〟が見えてきたのです。

吉方の効果で運命の流れが大きく変わる

「天道吉方の効果」のおかげで、翌日には転院することが可能になり、紹介をうけた病院へ向かいました。

当然、転院とはいえ初診になるため、ここでも待たされることに。ここまで来たら、もう待たされるのは慣れています。不安な気持ちもあるのですが、それよりも転院できたことの方がとても嬉しかったのです。

受付をしてから3時間程待った頃、ようやく自分の名前が呼ばれ診察室に入りました。これが、次の主治医となる運命の出逢いでした。この先、約5年間のお付き合いになるとは、この時は予想だにしていませんでした。丁寧に、優しく対応してくださり、がんと宣告をされた前任の担当医とは雲泥《うんでい》の差に思えたほどです。

そして病名についての説明、どんな人がこの病気に罹りやすいのか、どんな治療方法があるのか、どれくらい治療に時間がかかるのかなどをゆっくりと丁寧な説明を受けました。

とりあえず、後日もう一度検査することになりました。そして検査後、検査結果を聞くために主治医の元へ向かうと、レントゲン画像を見ながら、主治医の口から驚くべき事実を聞かされたのです。

「私が診るところでは、これは、ステージ3ではなく、ステージ1です」

「しかも、この病は進行が遅いので、しばらく経過観察ですね」

「半年後にもう一度、再検査しましょう」

ステージが3→1に変わった!

即入院で抗がん剤治療が待っているはずが、経過観察になったのです。とにかく嬉しい！ こんなに簡単にステージが変わるなんて、思いもよりませんでした。それと同時に、担当医師によって、ステージの判断が左右されることをこの時、思い知らされたのです。

あの時、『天道吉方』の日を選んで、セカンドオピニオンを受診していなかったら、と考えただけで恐ろしくなりました。

人は、人生において何度か究極の選択を迫られる出来事があると思いますが、この短期間に何度も「吉方の効果」によって、運命の流れが大きく変わる瞬間を見せつけられると、「方位の効果」はあるということを体感させられました。がんのステージが大きく変わったことで、入院、治療をせずに経過観察となり、絶望の淵に立たされていた心に大きな希望の光が差し込んできたのです。

私はこのように〝吉方のパワー〟を使って、生きる望みを掴んだのです！

第2章

氣のパワー
九星氣学風水とは

「九星氣学風水《きゅうせいきがくふうすい》」とは古代中国の運命学

「九星氣学」とは、約4000年前に中国で発祥したものが、538年頃、日本に方位術として伝来しました。その後、九星術《きゅうせいじゅつ》を元にしたものを明治42年に園田真次郎《そのだしんじろう》によって『氣学《きがく》』としてまとめられた学問といわれています。

中国では三国志で有名な諸葛孔明《しょかつこうめい》、日本では戦国時代に上杉謙信や織田信長、豊臣秀吉、徳川家康らが積極的に兵法として活用した方位術が元となっているのです。

平安時代には陰陽師《おんみょうじ》で有名な安倍晴明《あべのせいめい》も「方忌《かたい》み」や「方違《かたたが》え」として、方位術を活用し、開運の効果を享受していたことは有名です。

そして、現代においても公にはされていませんが、政治家や企業のトップ、著名人らが「九星氣学」を実践し開運、成功を収めている方が多いと言われています。

そのことからも昔から『吉方』は政治や戦争など、一国の命運を分けるような大事に使われていました。

元々、中国でも貴族や皇帝、日本においても上流階級のみ知り得た学問であったため、政治や経済など一国を動かす重要な役割を担ってきました。

そんな秘宝ともいえる学問だからこそ、隠ぺいしておきたかったのかもしれません。最近では、私達にも広く浸透しつつある「九星氣学」ですが、まだまだ、目に見えない学問を理解してもらうことは難しいようです。

ここからは、はじめての方にはちょっと難しいかもしれませんが、『九星氣学風水』について説明していきましょう。

古代中国で発祥したとされる「易《えき》」または「易経《えききょう》」は、儒教《じゅきょう》の経書の一つでもあり、「宇宙の真理」を知るための神聖な哲学書であったとされています。

その後、国家の行く末などを決める際にいわゆる「易占い《えきうらない》」として時の政治家や政治を行う機関などに頻繁に用いられました。この門外不出の占術が一般に広まるとともに、わかりやすく実用的に進化し、「九星術」や「方位術」として体系化されました。

そして、さらに歴史的な経験をふまえて『九星氣学風水』として整えられ、現代に浸透しているのです。

『九星氣学風水』は、「易の基本的な理論」が元になっており、八つの要素（天・沢・火・雷・風・水・山・地）を自然の象徴と捉え、その自然を八つの象（天＝乾《けん》、沢＝兌《だ》、火＝

離《り》、雷＝震《しん》、風＝巽《そん》、水＝坎《かん》、山＝艮《ごん》、地＝坤《こん》）に定められています。

さらに、古代中国から脈々と続いている「陰陽五行《いんようごぎょう》思想」がその考えの根幹となっています。この「陰陽五行思想」とは、宇宙のあらゆる事象を陰と陽に分類する「陰陽《いんよう》思想」と自然哲学の思想で万物を5つの元素で表している「五行《ごぎょう》思想」の2つの思想を表していて、森羅万象は生まれては消え、そして、循環するとされ、宇宙を司《つかさど》るすべてのものを「陰」と「陽」、そして「5つの元素」で表現しているというのです。

「5つの元素」、つまり「陰陽五行思想」の「五行」とは、中国古来の自然の摂理《せつり》で、「木《もく》」「火《か》」「土《ど》」「金《ごん》」「水《すい》」の基礎的な5つの要素によって森羅万象が構成されているという考え方です。

また、「陰陽」とは、すべての事象を陰と陽の性質に分けて考える二元論

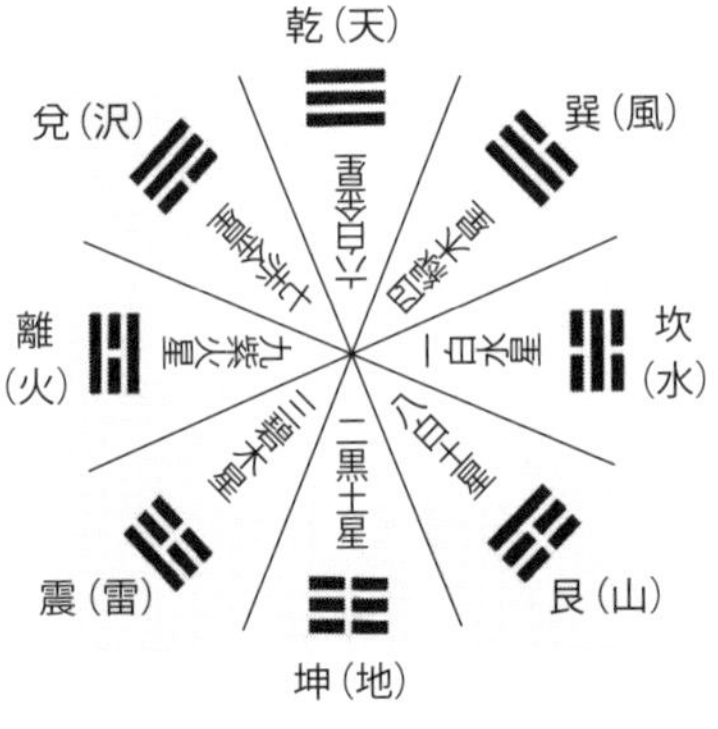

	乾	兌	離	震	巽	坎	艮	坤
読み方	けん	だ	り	しん	そん	かん	ごん	こん
意　味	天	沢	火	雷	風	水	山	地
九　星	六白金星	七赤金星	九紫火星	三碧木星	四緑木星	一白水星	八白土星	二黒土星

太極図

陰と陽の対照的な性質

陽	陰
天	地
太陽	月
光	闇
晴	雨
春	秋
夏	冬
東	西
南	北
熱	冷
動	静
剛	柔
表	裏
高	低
上	下
左	右
外	内
男	女
父	母

五行の性質一覧表

	木《もく》	火《か》	土《ど》	金《ごん》	水《すい》
一日	朝	昼	変わり目	夕	夜
季節	春	夏	土用	秋	冬
方位	東	南	中央	西	北
色	青	赤	黄	白	黒
五臓	肝	心	脾	肺	腎
五情	喜	楽	怨	怒	哀
五指	薬	中	人差し	親	小
五官	目	舌	口	鼻	耳
五味	酸	苦	甘	辛	鹹《しおからい》
五穀	麻	麦	米	黍《きび》	大豆
五獣	青龍	朱雀	龍	白虎	玄武
五徳	仁	礼	信	義	智

を基にしていて、例えば、「天」と「地」、「太陽」と「月」、「男」と「女」、「表」と「裏」など、事物の二面性を捉えています。

さて、古代ギリシャの哲学者ヘラクレイトスには、「万物は流転する」という有名な名言がありますが、これは、「世界は絶えず動き続けている」という意味があるそうです。

このように、世の中の動きは刻々と変化しているのです。天が授けてくれた「天・地・人」の法則性こそが、「陰陽五行論」であり、これを元としているのが『九星氣学風水』なのです。これを読み解いていくことで、個人の運勢のみならず、世界情勢の予測も可能となります。

先人たちが、現代の私たちに残してくれた「宇宙の真理」は、〝未来を生き抜くための智慧〟であり、それをわかりやすく今日に伝えられているのです。

歴史を遡《さかのぼ》ると、過去に起こった出来事の数々は、後世の私たちに同じ過ちを繰り返さないための教訓でもあるとも受けとめられます。

私たちは今、目に見えているものがすべてではないことを痛感しているはずです。それは、気候変動であり、新型コロナウィルス感染症のパンデミックであり、天災などの予測不可能な天変地異などです。

古来から信じられていた目に見えない『氣』というものの存在を、今こそ理解する時期がきているのかもしれません。

方位学は、唯一無二の最強の開運法

私自身も「氣学」や「方位学」の知識が全くなかった頃は、目に見えるモノに頼っていましたので、吉凶関係なく方位を移動していた1人でもあります。

前述しましたが、ある日、東京で開催されていた某風水セミナーに参加した時の衝撃は今でも忘れられません。

隣に座った1つ年下の女性（後にこの女性が五黄土星《ごおうどせい》だとわかる）が、眩《まばゆ》いくらいに輝いて見えました。いわゆるオーラがあるというのでしょうか。

それだけではなかったことが、この女性と親しくなればなるほど、納得させられるようになったのです。

それは、彼女の口からはじめて聞いた〝キーワード〟からはじまりました。

「氣学ってご存知？」

「氣学？」

「吉方旅行とか行くと運が良くなるのよ」

そもそも『氣』そのもの自体、目に見えないし、実体がない。そんな怪しいもので、本当に運が良くなるのかと当時の私は半信半疑だったのです。

でも、気にはなるし、興味もある。

とりあえず、「氣学講座」を受けてみようというのがきっかけでしたが、その後、『九星氣学風水』の凄さを身に染みて体感することとなるとは、この時は思いもしませんでした。

「行動すれば運は良くなる」なら、努力すればいいのでは！　と考えやすいと思いますが、その努力の方向性がまったく違うのです。

「氣学」は、「氣学を学んで行動すれば運は良くなる」という考え方なのです。

「氣学」は、「正しい師」に教えを学び、それを正しく「実践」「行動」することで、〝人生を大きく変えるチャンス〟が与えられます。

注意すべきは、〝正しく学んでいないと「実践」や「行動」しても効果が表れない〟ということです。ですから、正しい「師」を引き寄せるかどうかも、その人の「運の強さ」にかかわってくるのです。

私自身、占術やスピリチュアル系が好きで物心ついた頃から、どうしたら「運が良くなる」のかを探り続けていたのは事実です。そして、ようやく「これだ！」と出逢うのが40代後半。人生も折り返し地点に差し掛かろうとしている頃だったのです。

いつそれに出逢うかでその人の『運』も大きく変わってきます。それも「運の強さ」であると思います。

そんないいものだったら「なぜ世の中に浸透しないの？」と思われるかもしれません。

たとえば、歴史で学んだ「陰陽師・安倍晴明」や「軍師・黒田官兵衛《くろだかんべえ》」などは、その先駆けともいえるでしょう。

今では当たり前のように、政治家、企業のトップ、会社経営者、個人事業主、会社員、主婦などに活用されている『九星氣学風水』です。その見えない『氣』に動かされていることにそろそろ気付かなければならない時代にきたのかもしれません。

『氣』が持つパワーの凄さを学び、「実践」「行動」することで人生が変わるという『九星氣学風水』をひとりでも多くの方に実感してもらい、自らの力で幸せを掴み取ってもらいたいと願うばかりです。

後天定位盤をめぐる9つの星

氣学で使用する方位盤には、「先天定位盤《せんてんじょういばん》」と「後天定位盤《こうてんじょういばん》」があり、この2つの方位盤を基に各星の位置を確認して方位を判断していきます。

「先天定位盤」と「後天定位盤」とは、古代中国の伝説によると、黄河《こうが》と洛水《らくすい》の中から出現したとされる神秘的な書物、「河図《かと》」と「洛書《らくしょ》」の図柄からきているものだと言われます。

「河図」は、当時の皇帝であった伏羲《ふっき》の時代、黄河から出現した龍の頭をした馬の背に描かれていた渦巻いた毛の模様から読み取られたものであり、五行と陰陽で成り立っているとされています。

「洛書」は、夏《か》の時代、黄河の氾濫に悩まされていた頃、13年に渡る治水工事の末に、禹《う》王が治水を治めた後に、洛水（黄河の支流）から出現した神亀《しんき》の甲羅《こうら》に描かれていた圏点《けんてん》を読み取ったものだと言われています。

いずれも神話の世界なのですが、この2つの「先天定位盤」と「後天定位盤」を駆使して見えない『氣』の世界を認識することができ、運を引き寄せる占術が『九星氣学風水』

なのです。

まず、「先天定位盤」とは、宇宙からなる自然界の法則を8つに分類したもので古代中国から伝わる易の八卦《はっけ》――乾《けん》、兌《だ》、離《り》、震《しん》、巽《そん》、坎《かん》、艮《ごん》、坤《こん》のことです。

なお、「先天定位盤」には中央は存在しないので、五黄土星はありません。

「先天定位盤」は宇宙を表している曼荼羅図で変わらない配置、つまり不変です。反対に「後天定位盤」は現世を表している地球の曼荼羅図で、一定のリズムで変化しています。

したがって、宇宙の原理原則の基に『九星氣学風水』は成り立っているといわれるのです。

一方「後天定位盤」には中央があり、五黄土星が真ん中を、一白水星から九紫火星までの各星は、定められた位置に配置されていて、各方位を担当しています。

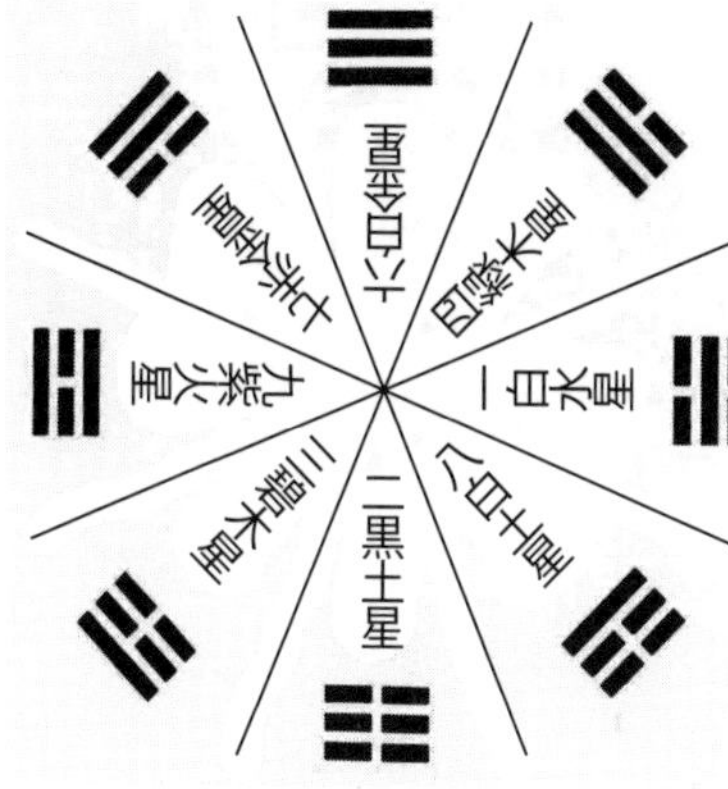

先天定位盤

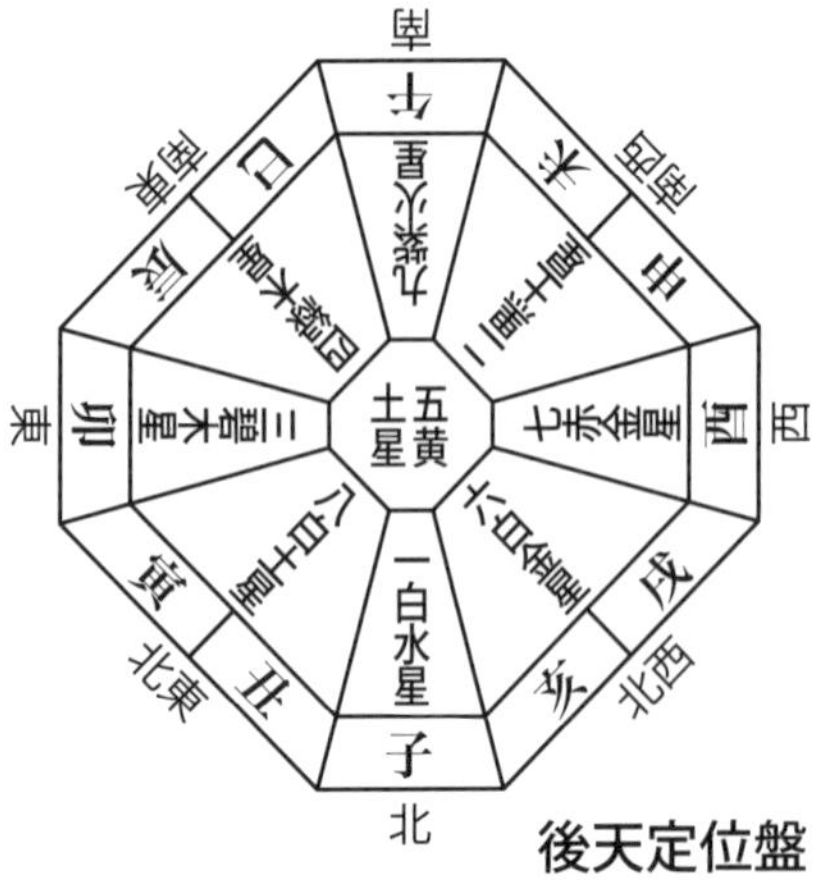

後天定位盤

そして、「後天定位盤」は、一定の法則に従い運行しているのです。

動きの法則は、次のようになります。

中央→①北西→②西→③北東→④南→⑤北→⑥南西→⑦東→⑧南東→中央と循環しています。

国土地理院発行の地図では北が上を指していますが、「氣学」では、方位の見方が少し違っています。東西南北が逆になっているため、慣れるまで注意が必要です。

後に説明する吉方取り（日盤吉方）を楽しんでいたら、方位が逆だったという話は初心者にはよくありがちです。

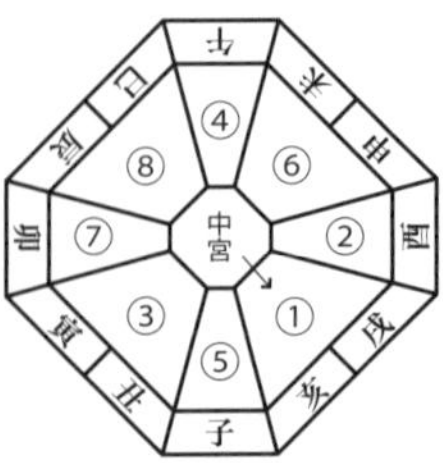

九星の廻座《かいざ》のしかた

中宮から①→②→③→④→⑤→⑥→⑦→⑧→中宮にもどる。

五行と9つの星のコミュニケーション術

職場での人間関係、親しい友人や知人、そして、一番身近にいる家族とのコミュニケーションで悩みを抱えている方は意外に多い世の中ですが、「九星氣学」では9つの星の特徴を十分に理解することで上手く運ぶコミュニケーション術があります。

「九星氣学」の基になる五行は、古代中国を発端とする自然哲学の思想のことであり、万物は、〝木・火・土・金・水〟の5種類から構成されています。その5種類は、お互いに影響を及ぼしながら循環しているとされています。

そして、9つの星は九星を司る星のことで、生まれた年によって9つの星に分類されたものを「**本命星**」と呼んでいます。

★9つの星をさらに五行に分類します。

「木」は三碧木星《さんぺきもくせい》・四緑木星《しろくもくせい》
「火」は九紫火星《きゅうしかせい》
「土」は二黒土星《じこくどせい》・五黄土星《ごおうどせい》・八白土星《はっぱくどせい》

「金」は六白金星《ろっぱくきんせい》・七赤金星《しちせききんせい》
「水」は一白水星《いっぱくすいせい》

では、各九星の本質的な性格や五行から、次のご夫婦の相性を見てみましょう。

ケースその①　木藤さんご夫婦の相性

夫　会社員
1972年11月13日生まれ　本命星は一白水星
妻　デザイナー
1970年4月14日生まれ　本命星は三碧木星

夫は一白水星で五行は「水星」、妻は三碧木星で五行は「木星」になりますので、下図の相生《そうしょう》図をみてみると「水星」と「木星」は隣り合う星で、お互いをわかり合える関係であるといえます。

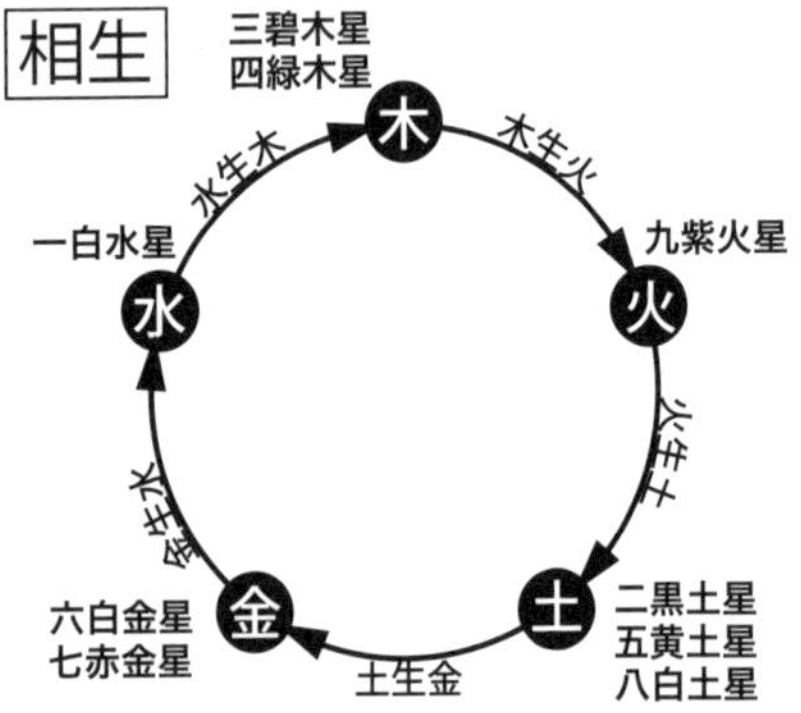

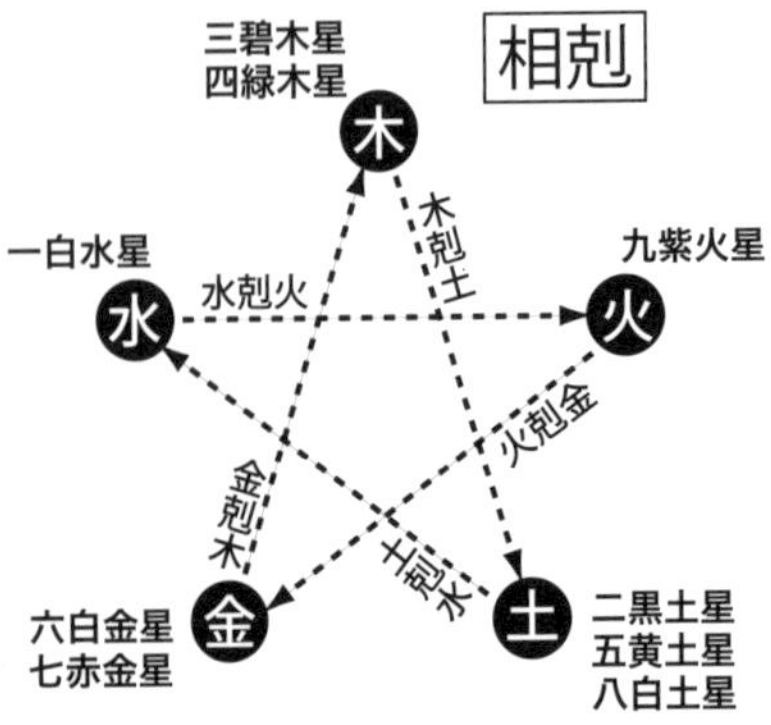

どのようにわかり合えるのか、ご夫婦お2人の本質的な性格で相性を見てみましょう。人の悩みや苦労の理解者でもあり、環境適応能力が優れている夫と、多彩な趣味を持ち、好奇心が旺盛で、行動力が抜群な妻との夫婦関係は、適度な距離感を保ちつつ、お互いの個性を尊重し合える夫婦であると判断できるでしょう。

では反対に、結婚したものの、なぜ破局を迎えることとなったのか、次のご夫婦を例に見てみましょう。

ケースその② 離婚された川光さんご夫婦の相性
夫 会社経営
1969年10月24日生まれ 本命星は四緑木星
妻 主婦 パート勤務
1971年8月4日生まれ 本命星は二黒土星
夫は四緑木星で五行は「木星」、妻は二黒土星で五行は「土星」です。前頁の相剋《そうこく》図を見てみると「木星」と「土星」は相剋になるため、お互いを理解しにくい関係であるといえます。

どのように理解しにくいかを、ご夫婦の本質的な性格で相性を見てみましょう。人当りが良く、人との調和を大切にする一方、意外に頑固な一面もある夫と、良妻賢母で辛抱強い反面、変化が苦手な妻との夫婦関係は、社交的で交際範囲が広い夫と、家庭を大事にしたい妻とは、理想としている夫婦像がお互いにかけ離れており、共に理解することが難しかったのかもしれません。

「相生《そうしょう》」の関係だから相性が良いとは一概にはいえませんし、「相剋《そうこく》」の関係だから相性が悪いわけでもありません。相手を理解することがとても大切なことだといえるのです。「相生」と「相剋」の表から見てもわかるように五行の法則を活用し、人間関係を円滑に運ぶことが可能なのです。

本命星からわかる「相星」と『吉方』の関係

自分とまったく同じ星（本命星）なら考え方や思考が似ているので、当然、相手のことは理解しやすくなります。

でも、異なる星の場合だと、それぞれの星によって特徴が異なるので、相手を理解することが必要になります。それが、隣り合う星同士だと「相生効果《そうしょうこうか》」で、お互いに相手のことをわかり合える関係性となります。それが反対に、相手が自分の星と「相剋」の場合は、理解しにくく、何かとぶつかり合う関係性になってしまうものです。

この「相生」と「相剋」は五行説からきている関係作用のことなのです。

前述した「五行説」を詳しくみていくと、万物は、「木・火・土・金・水」の5種類から構成されていて、その5種類は「お互いに影響し合っていて、万物が変化し、循環するのを促している」という考え方です。

「相生」は、お互いを高め合い、よい影響を与える関係のことで、木は火を生じ、火は土を生じ、土は金を生じ、金は水を生じ、水は木を生じるという循環サイクルを表しています。

木は燃えて火が生まれ、火が燃えることで灰が生まれ土になり、土から鉱物（金属）が排出され、金属は冷えることで水が生まれ、水は草木を育てる。ということは、隣り合う星が親子関係でもあり、「**相星**《あいぼし》」といいます。

反対に相剋は、お互いを弱め、抑える影響を与える関係で、木は土を、火は金を、土は水を、金は木を、水は火を剋《こく》すという抑制し合う循環サイクルを表しています。

木は土から栄養分を奪い、火は金を溶かし、土は水の流れをせき止め、金は木を切り倒し、水は火を消し去るというイメージになります。

「相剋」だからといって相性が良くないと決めつけてしまうのはよくありません。

あくまで、「相剋」の関係を念頭におき、「相剋」の相手であっても相手の特徴を理解することで、苦手な人間関係も十分克服できるのです。

もちろん、「相生」の関係だからと、相手の心に土足で入り込むこともよくありません。

人間関係とは、「相生」があり、「相剋」があり、相乗効果でお互いを高め合う関係を保つことが非常に大切なのです。

その隣り合う星「相星」こそが、あなたにとっての『吉方』になるのです。

「本命星」と「月命星」から割り出す『最大吉方』

「氣学」をよく知らないという方でも、神社仏閣でよく見かける「〇年〇星は**八方塞《はっぽうふさ》がり**」

という文字を一度は目にしたことがあるはずです。また、新聞や雑誌などでも、「九星氣学からみた今年の運勢」と掲載されている頁があるので、自分の「本命星」はこれだったと思い出すこともあるでしょう。

「本命星」は生まれた年にどの九星が中央に廻座《かいざ》しているかで決まります。ですから、その年に生まれた人は同じ「本命星」になります。

同じ「本命星」でも生まれた月にも九星があり、それを「月命星」と呼びます。この「本命星」と「月命星」の五行の相生の関係から『最大吉方』が割り出されるのです。

「本命星」の出し方は、第4章で、「月命星」については第7章で詳しく解説しています。このまま読み進めていただければ、生年月日で「本命星」と「月命星」を割り出すことが簡単にできます。また、『吉方』と『最大吉方』の早見表も第7章に掲載しています。

一般的には〝運勢〟のイメージが強い「九星氣学」ですが、まさか、方位によって運が左右されているとなると他人事ではいられないはずです。

日々の行動から変えることで、気軽に「吉」を取り込むことができるのが吉方取り（日盤吉方）の良さになります。

その『吉方』は、「本命星」から割り出された「相星」になり、『最大吉方』とは「本命星」と「月命星」から割り出された、より〝パワー〟のある『吉方』だということがおわかりいただけるでしょう。

方位には「吉の方位」と「凶の方位」がある

普段何気なく生活していると、自分がどの方位へ向かっていて、それが「吉の方位」なのか、「凶の方位」なのかは、意識せずに行動していると思います。

私も、「氣学」を知るまでは全く方位は気にせずに日々を過ごし、時には仕事が思うように運ばず落ち込むことも、また、人間関係がこじれ悩むことも多々ありました。

そして、どんな占術を用いても運気は一向に上がる気配がないことに半ば諦めていました。そんなときに出逢った「氣学」は、個人の運勢を読むものだけではなかったことを知って、目からウロコが落ちました。

良い方角へ行くと運気が良くなるとか、悪い方角へ行くと運気が悪くなるとか、噂では聞いたことはありましたが、本当に効果があるのだということを知り、身震いがしたのです。『吉方』へ行くだけで運気が良くなるのなら、〝運気アップ〟のためにしてきた今までのことは一体、なんだったのだろうかと。しかも、「吉方引越し」は人生を変えるほどの効果があるなんて！

これ凄くないですか！　〝運気アップ〟のために先人たちがこぞって方位術を活用していたことも十分納得できます。

ところで、「吉の方位」があるとなれば、残念ながら「凶の方位」もあるのです。ですから、吉凶の判断は慎重にしないと、うっかり「凶の方位」へ行ってしまうこともありえます。

人は、〝運気アップ〟の言葉に弱く、その言葉に自然となびいてしまうものです。今までの人生に不満を抱えている方や満足した人生を送れているとは言い難い方にはぜひとも、おススメしたい開運法なのです。なんと言っても、〝人生を変えるチャンス〟を自分の力で掴むことができるからです。

今すぐ、「吉方への引越し」が難しい環境や状況にある場合も諦めることはありません。日々の吉方取り（日盤吉方）からはじめることで、いずれ念願の『吉方』への引越しの〝チャンス〟が巡ってくると言われているからです。

日々の吉方取りの効果は、人生を変えるほどの力はなくとも、コツコツと継続することで、自分の意識が常に「吉」に向くようになり、物事の「捉え方」や「考え方」が次第に変化してきます。徐々に自分が〝**吉体質**〟に変わっていくことに気が付き、自然と気持ちも〝ポジティブ思考〟になってきます。

私たちは、目に見えない『氣』を理解することで、気軽に運氣をアップすることができるのです。

7つある凶方位を避けるその対処法

「凶方位」と聞いただけで誰もが恐れる方位ですが、あらかじめ「凶の方位」と知ってその場所へ行くのと、知らずに行っているのとでは、心構えが大きく異なります。

「今後、世の中はどうなるのだろう！」と、不安になるのは、この先がどうなるのかという「見えない」「わからない」「知らない」この3つの不安要素があるからです。この3つの不安要素がクリアできれば、安心、安全で、前向きに考え行動できるのです。

それでも、できれば「凶方位」へは行きたくはないでしょう。

たとえば、今日向かおうとしている方位が『吉方』なのか、「凶方」なのかを調べ、『吉方』ならラッキーだし、「凶方」なら気をつけて行動すればよい話なのです。

もちろんそれは、その日限りの〝凶〟だから、明日から『吉方』へ行くようにすればいいのですが、旅行や引越などで長期間、凶作用の影響がある場合は、あらかじめ注意が必要です。

「凶方位」には、まず、すべての人が共通する**五黄殺**《ごおうさつ》、**暗剣殺**《あんけんさつ》、**破壊殺**《はかいさつ》の『**三大凶方**』と、「本命星」によって異なる、**本命殺**《ほんめいさつ》、**本命的殺**《ほんめいてきさつ》を合わせた『**五大凶方**』。

さらに、「月命星」によって異なる、**月命殺**《げつめいさつ》、**月命的殺**《げつめいてきさつ》を合わせた『**七大凶方**』があります。

「凶方」だけでも、7つもあります。

当然、知らなかったら知らずに「凶方位」へ行っている可能性は十分にあります。よほど運勢の強い人でない限り、人は自然と「凶方位」へ導かれると言われています。

例）八白土星が中宮・亥の日

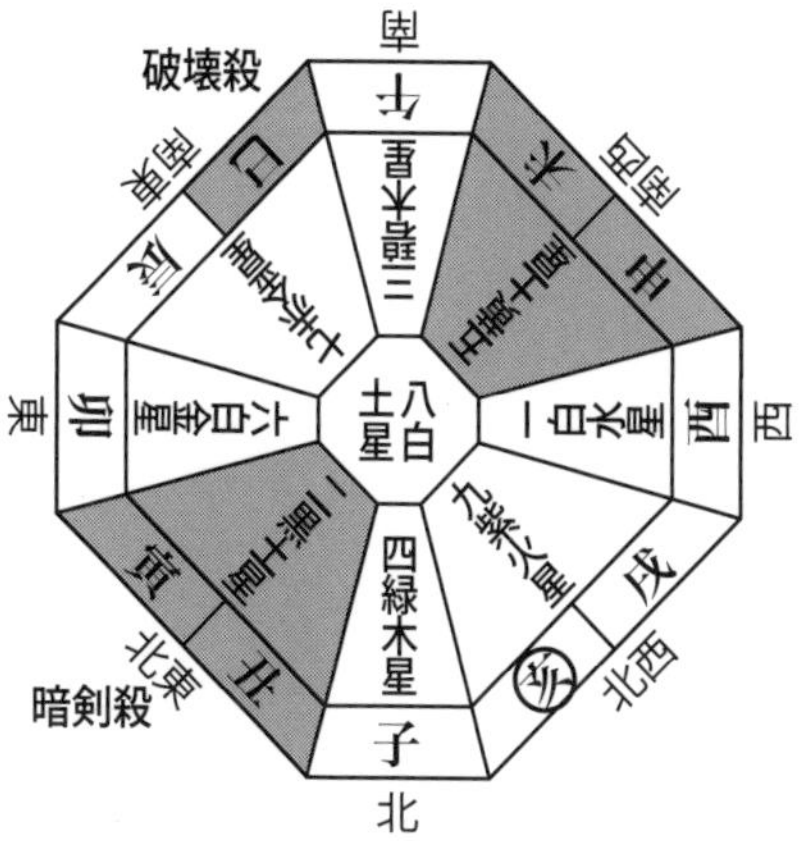

日々の吉方取りへ行くためには、その日の盤（毎日変わる氣学上の日盤のこと）を確認し、凶方位から先に消して、残った盤に自分の『吉方』を見つけ、その場所へ行くことで『吉方』の効果が得られるのです（第7章　日々の吉方取りのはじめ方を参照）。

日々の吉方取りで、どうしても「凶方」へ行かなければいけない予定がある場合は、次の方法で乗り切りましょう。

★七大凶方を乗り切る方法

【五黄殺方位】

五黄殺方位へ行くと、ふて腐れやすくなりやすく、わがままになりやすい。

・明るい笑顔で、ポジティブに生活する。

・はじめに相手の要望を伺い、自分の主張を固持しない。

・怒らない。イライラしない。

【暗剣殺方位】

暗剣殺方位へ行くと、思わぬトラブルに見舞われやすい。

・相手を傷つけやすいから注意する。

・恩人にはお礼の言葉を忘れずに。
・一時停止と赤信号に要注意。

【破壊殺方位】

破壊殺方位へ行くと、物事が上手く運ばない。

・自分の目標をしっかりと持つ。
・予定通りに進まずとも、不満を言わずに対応する。
・あきらめない。
・事故やケガに注意する。

【本命殺（月命殺）方位】

本命殺（月命殺）方位へ行くと、無理をしやすい。

・無理はしない。
・自分の役割を自覚する。
・わがままを通さない。人に強制しない。

【本命的殺（月命的殺）方位】

本命的殺（月命的殺）方位へ行くと、目標が間違っているかもしれない。

・予想と違っていても驚かないこと。
・目的をいつまでも固執しないようにする。

吉方取りで運氣を上げる

「九星氣学」には、9つの星があり、それぞれ9つの特徴、象意があります。

そして、自分にとっての吉方には、『最大吉方』と『吉方』の2種類があります。

もちろん、自分の魅力を最大限発揮してくれるのは『最大吉方』ですが、『吉方』も十分自分を輝かせてくれる『吉方』には違いありません。

『吉方』の「吉」を掴みたい場合、待っていても向こうからやってきてはくれません。「吉の効果」を掴みたいなら、自らの身体を使ってその場所へ足を運ぶしかないのです。

しかも、「氣学」の方位盤は法則に従って毎日変わります。当然、毎日、『吉方』は変わり、『吉方』に行ったとしても効果は一日限定です。

それでも毎日、吉方取り（日盤吉方）を行うのは、継続することでさらなる効果があることがわかっているからなのです。

２０１5年からほぼ毎日行っている「日盤吉方」は、私にとってもう日課になっています。日盤吉方にどうしても行けない日があると、身体が『吉方』へ行きたがっているような感覚になるから不思議です。「日盤吉方」へ行かないと、なんだか1日が落ち着かなくなっています。

『吉方』は、自分の星（本命星）と相性が良い星のことですが、当然、自分にはない「特徴」や「象意」を積極的に取りに行くことで得られる効果があるのです。

例えば、アルバイト先の店長と些細なことで口喧嘩となり、解雇となった大木さんのケースを見てみましょう。

大木 優子さん　30代　女性
１９８7年12月4日生まれ　「本命星」は四緑木星　「月命星」は八白土星
　『最大吉方』は九紫火星　『吉方』は一白水星と三碧木星

『最大吉方』である九紫火星は、知恵や知識、洞察力を表しますので、その場の状況を判断し、言葉を選んで話すことができれば、今回のような些細なトラブルは未然に防ぐことができたはずです。

また、大木さんは四緑木星が本命なので、仲裁や人との調和は得意なはずですが、自分にはない知恵や知識、洞察力が欠けていたため、言動がエスカレートしてしまったのかもしれません（各星の本質的な性格は第5章を参照）。

完璧な人などは存在しません。自分にないものを『吉方』によって引き寄せることも、また、欲しい『吉方』を掴みに行くことも、すべては、自ら行動することで運を切り拓いていってもらいたいと思います。

第3章

実録！吉方パワーで幸運を得た人たち

名刹が教える「氣学」と「吉方取り」の効果

岐阜県在住　高橋 牧子さん　一白水星

岐阜県多治見市にある雲上双龍長高寺は、２００６年に設立されてからというもの、現在では国内に限らず、海外からも参拝に訪れるほど、沢山の方に親しまれているお寺です。高橋牧子さんは、お寺をご夫婦で運営されていらっしゃるのですが、これまでの道程は、決して楽ではなかったとおっしゃいます。

ご主人の和尚さまは、妙唱寺というお寺の次男として大阪で生まれました。そして、現在の地にご縁あって、結婚と同時に移り住むことを決意し、開寺されたそうです。しかし、世の中はそう甘くはなく、開寺後、参拝者がひとりも来ない月もあったそうです。

日蓮宗は、世界三大荒行と言われる厳しい修行をする宗派ですが、和尚は結婚後すぐに荒行を決行し、２回目の修行のときに牧子さんは氣学の師匠と出逢います。それが著者の師匠でもある石川享佑先生です。この出逢いが転機となり、牧子さんは氣学を用いた人生相談をはじめられました。

修行を終え、ご夫婦で氣学を積極的に活用するようになると、思考や物の捉え方が変わり、夫婦仲や人間関係が良好になったといいます。

とくに相談者の悩みがよくわかり、解決に導く力がついたとおっしゃいます。

毎日の日課となっているのが、ご夫婦揃っての日盤吉方（日々の吉方取り）とのこと。

さらに和尚さまは、毎月、本山にある御霊山への修行登山も吉方位で向かわれるそうです。


牧子さんは、幼い頃に腎臓病を患い、四年間、辛い日々を送っていた過去の持ち主。しかもその腎臓病は、誤診が原因で発症したものであったと判明、当時はかなりショックを受けていたそうです。一番遊び盛りの時期に、病気によるさまざまな制約や心の負担は、幼い子供にとってどれだけ辛く悲しかったのか計り知れません。

当時の牧子さんは、なぜ私が病気になったのかと思い悩んだそうですが、今では目に見えない当時の要因を氣学で紐解くことができたそうです。


現在では、あらゆる悩みを抱え、お寺に駆け込んでくる方々に対して、ご祈祷や特別な法術などを駆使される和尚さま。そして、それを支える牧子さんが氣学を用いて、根本的な解決へと導いていらっしゃいます。

度重なる不幸の人生に希望の光が差し込んだ

福岡県在住　長佑充さん　一白水星

8年前に参加した氣学のセミナーがきっかけで、生活が大きく激変したとおっしゃる長佑充さんは、ご主人と結婚後、すぐに妊娠、出産を目前に控えていた幸せの絶頂期に、不幸は突如、訪れました。

義母の体調が悪化し、入院するも手術後、後遺症が残る身体となりました。

さらなる追い打ちをかけたのは、長男が重度の障害児で誕生したことです。

後遺症が残る義母と長男の世話に明け暮れている中、唯一、頼みの常であった実母が若年型認知症になったことで、一気に生活は暗闇に突入しました。

頼りにしていた実母まで介護が必要な状態になり、2人の介護と育児が長さんに重くのしかかりました。

来る日も来る日も、終わりの見えない介護と育児に追われ、心身共に疲れきっていたため、当然、家族との時間も十分に取れるはずもありません。

そんな環境のせいか、思春期の長女が登校拒否となり家出を繰り返すようになりました。

不安と葛藤の日々を送る中、少しずつ変化が現れはじめてきたのは、周りのサポートを受けられるようになってきた頃からだとおっしゃいます。

長男と義母は施設に入り、長女は海外留学。そして、実母は他界しました。

長く辛い日々にも終わりが見えはじめていた頃、氣学と出逢ったそうです。

氣学を知ってからはこれまでの苦労の意味がわかり、生き方が楽になったそうです。

元々、顎が弱く、長年悩んでいた噛み合わせは、「吉方引越し」によって目に見えて良くなっていきました。それからは、家族が海外へ移動や旅行をする際にも、積極的に吉方を活用しているそうです。

長女も留学先の海外から日本へ吉方で帰国することができたおかげで、なんと大手IT企業に就職できたと喜んでいらっしゃいます。

また、実家の土地が願った通りの価格で売却できことや、次男が希望していた国の永住権の取得が可能になったことなど、「吉方の効果」は家族にも現れています。

人生の前半を介護と育児に追われ、自分の生きがいを見失っていた長さんですが、氣学によって、生きる目標や希望を持つことができるようになったと、今では見違えるように生き生きとされています。そして、新たに仕事として氣学を伝えることを決意されました。

生きる希望を失っても「吉方引越し」で大開運

愛知県在住　木村依里子さん　七赤金星

木村さんは、おしどり夫婦と呼ばれるほどの仲睦まじいお二人ですが、ご主人との結婚までの道程はかなり険しく、一時は恋愛恐怖症にまで追い詰められ、ひきこもりの生活を強いられていた過去の持ち主です。

なぜなら、恋愛関係で大きな悩みを抱えていたため、思うような人生を歩むことができず悩み苦しんでいました。一時は死も考えたほど、精神が不安定な状態になり、生きる希望を見失っていた頃、現在のご主人と出逢ったといいます。

２０１４年に決断した最初の「吉方引越し」は、ご夫婦ではじめた整体サロンが思うようにいかず、夫婦関係もギクシャクしていた頃でした。とにかく、現状を変えたい一心もあり、すぐに決行したそうです。

その後の生活は、見違えるように環境が大きく変化して、あれほど悩んでいた夫婦関係もわだかまりが消え、整体サロンも軌道に乗りはじめ、新たな師に出逢ったことがきっかけで目標が見つかり、環境が目まぐるしく変化しました。

その後、生活のリズムも落ち着きを取り戻し、氣学への探求心もますます深くなった頃、さらなる飛躍を目指すために、2回目の「吉方引越し」を決行しました。

この引越しを決断する直前、危篤状態だった実母が亡くなり、引越しを思いとどまってみたものの、よい『氣』の流れに促され、これを好機と捉えることにしたそうです。

2回目の「吉方引越し」を終えると、目標としていた講師活動としての場が広がり、定期的に講座を開催するようになりました。

辛い過去を背負っていたとは思えないほど、明るく元気で愛嬌のある依里子さんですが、今ではどこにいても人気者で、老若男女問わず慕われる存在になっています。

引き続き、家族関係も良好で、整体サロンも安定したのは、すべて、あの時決断した2回にわたる「吉方引越し」がきっかけで、運命が大きく変わったと確信しています。

最初の引越しには、当時20歳の長女も同時に「吉方引越し」を決行しています。引越し後の長女はというと、引っ込み思案だった性格が一変し、自分に自信が持てるようになったことで、今では積極的に物事に取り組むようになったそうです。

木村依里子さんは、愛知県津島市でリラクゼーションサロンKIRANAH（キラーナ）をご夫婦で経営され、氣学講座を定期的に開催し、鑑定も行っています。

母親から伝授された「九星氣学」で早期の開運

愛知県在住　桑原那実さん　一白水星

母親が「九星氣学」を学んでいた経緯もあり、なんの疑いもなく、自身も15歳から学ぶようになったと語る桑原那実さんは、現在、某保険会社の役職付けに最短で昇進の道を掴んでいるキャリアウーマンです。

仕事と家庭と忙しい毎日を過ごしているにも関わらず、日々の吉方取りを欠かさず実行しているのは、日盤吉方は、継続することで効果が期待できると信じているからです。

1回目の「吉方引越し」は、思春期からひどいアトピー性皮膚炎の症状に悩まされていたため、20歳のときに母親の影響もあり、万全の準備をして吉方へ引越したそうです。するとと、驚くべきことに長年悩み苦しんでいたアトピーがまたたくまに改善しました。

20代は歯科衛生士として勤務していましたが、その後、某保険会社へ転職。32歳の時には、某保険会社の保険外交員として毎年、着実に好成績を収めた結果が認められ、2019年には役職付けにスピード昇進しました。

はじめは、畑違いの環境のため、悩みや苦労も多かったそうですが、コツコツと努力した結果が実を結び、徐々に収入もアップしていったといいます。

嬉しいことに今までの功績が認められ、2019年まで5年連続社内で表彰されるまでに成長、今では誰もが憧れる自立した女性管理職になっています。

「日々の吉方取り」と「吉方引越し」の効果により、2019年にはお付き合いしていた彼と晴れてゴールイン、充実した仕事も、頼れるパートナーにも巡り逢い、大喜びの桑原さんです。

ちなみに、30代後半になり結婚を諦めかけていた頃、偶然1人で入った居酒屋で、たまたま隣に座っていたのが、現在のご主人との出逢いだそうです。

仕事も順調な上、結婚生活も安定しているにもかかわらず、さらなる飛躍をするために2020年に入ってすぐに「吉方引越し」をご主人と決行したそうです。

ますます開運によりパワーアップされる今後の桑原さんから目が離せません。

「吉方引越し」で仕事も主人も、家庭までもトントン拍子！

福岡県在住　山本和世さん　三碧木星

２０１５年に『吉方』へ引越しをされた元セラピストの山本和世さんは、引越後すぐにある治療院より仕事のオファーが舞い込みました。こんないい話はないとすぐに快諾。すると仕事が整った途端、家庭も身体の調子も見違えるように整ってきたそうです。

「吉方引越し」の効果を確信した山本さんは、『吉方』への引越し後も、日々の吉方取りを積極的に行いました。

すると、ギャンブル好きだったご主人に変化が起きはじめてきました。

驚くことに日盤吉方を続けた3年後には、ご主人のギャンブル好きがぴたりとやみ、今では料理が趣味になり、時間があるときは家族に手料理を振舞ってくれるようになったとおっしゃいます。

その後、嬉しいことにご主人にもビックチャンスが舞い込みました。新たな責任のある仕事へのヘッドハンティングの話がきたのです。

ちょうど長男の進学時期と重なり、教育費などの金銭面で悩んでいたところでもあり、ご主人が転職することで、退職金が入ることになったとのこと。それに加えて、姉妹からの資金援助もあり、悩んでいた金銭問題がすべてクリアになったそうです。

こんなに物事がトントン拍子に上手く運ぶのは、「吉方引越し」もさることながら、日々の吉方取りの効果に間違いないと、嬉しすぎて喜びを隠せない山本さんは、今も日々の吉方取りを欠かさずに続けていらっしゃいます。

吉方の凄すぎる効果をご夫婦で体感！

福岡県在住　瓜生倫穂さん　二黒土星

氣学の効果を信じてやまない瓜生倫穂さんは、日々の吉方取りも日課になっている他、絶大なる効果が期待できる「吉方引越し」を体験され、その効果を肌で実感されています。

数年前、凶方位にある病院でご主人が診察を受け、脳梗塞の疑いがあると診断され、すぐに入院することに。3週間程入院しましたが、年末年始を挟むため、自宅静養を余儀なくされ、さらに糖尿病の診断も加わり大量の薬も処方され、不安が募る中、自宅へ帰されました。

これを好機と捉えた倫穂さんが機転を利かせ、自宅療養となった年末年始に『吉方』でのセカンドオピニオンを受診することをご主人に提案されたおかげで、翌年、転院することが可能になりました。

すると、病状が一気にV字回復、入院、治療の予定がなくなったお陰で、しばらく通院で様子を見ることに。また、大量に処方されていた薬の量も3分の1に減ったそうです。

その後、ご主人の健康に対する意識が大きく変わり、今ではジムにも通い、ヘビースモーカーだったタバコも止め、以前よりも元気に楽しく暮らしているとのことです。

そして昨年。一人息子の独立を機に、夫婦2人だけの今後の生活を考え、断捨離の一環として、2019年の年末に不動産の売却を検討し、不動産会社に依頼しました。

「吉方引越し」をすると、その効果が現れる『顕現期《けんげんき》』というものがあるのですが、ちょうど、翌年の2020年2月にその効果が現れ、不動産会社から嬉しい連絡が入りました。売却を依頼していた不動産が、通常の約1・5倍で売れたと驚きの報告だったそうです。

これは、まさに「吉方の効果」に間違いない！　と喜びを隠せない倫穂さんは、現在、新たなる拠点で新生活を見事にスタートさせました。

最近では、願いが叶いやすいというチャンスの神様がいる恵方の方角に、年に数回しかめぐって来ない、パワーが最も強い夏至の日、恵方参りで参拝したそうです。その帰宅途中、たまたま5枚購入した宝くじが当選していて、千円が一万円に！　ちょっと嬉しい恵方参りだったといいます。

75日以上続けて驚くべき効果が！

岐阜県在住　加藤珠有希さん　六白金星

岐阜県多治見市にある「arome douce」を主宰され、アロマセラピストとして地元の方や県外の方に親しまれている加藤珠有希さんは、日盤吉方（日々の吉方取り）をするようになってから、顧客の予約が日に日に増えてきているそうです。

氣学のことは、ご自身が主宰するアロマサロンへ施術に来て下さった方の紹介で知ったのがきっかけとおっしゃいます。

家事と仕事を両立しながらの忙しい合間に日盤吉方を行っているため、週に3回から5回は行くように心掛けていらっしゃいます。

その吉方効果は顕著に現れはじめ、アロマサロンがクチコミで評判となり、予約が次々に入るようになったそうです。

また、人間関係にも変化が現れはじめ、良き人脈とのご縁が広がっているのをしみじみと感じているそうです。

最大のご縁は、尊敬する師匠に出逢えたことだとおっしゃいます。また、「自分の才能を開花してくれる方とのご縁」や、「新たな人生を拡大してくれる方とのご縁」も増えてきているそうです。

日盤吉方の効果は、家族との関係にも顕著に現れていて、コミュニケーションが良くなったおかげで、家庭の調和も図れるようになったそうです。

過去に辛い経験を乗り越えてきた加藤さんだからこそ、身に染みて氣学の素晴らしさを体感することができるのでしょう。

まずは、日盤吉方を75日続けることが大切だとおっしゃいます。

「吉方取り」は継続することが重要と語る

岐阜県在住　香河知子さん　八白土星

今から5年前、友人に勧められたことがきっかけで、氣学を学ぶようになった語る主婦の香河知子さんは、日盤吉方（日々の吉方取り）になるべく行くよう心掛けています。ただ、家族の世話や主婦業に追われる生活の中、3日に1度位の頻度になってしまうそうで、それでも、日々の過ごし方に変化が起きてきたそうです。

日盤吉方に行くという目標を持って生活すると、日盤吉方を終えた後、満足感が得られ、見違えるように充実した1日を過ごせるそうです。また、見失っていた自分の生きがいも見つかり、とても生き生きとされていらっしゃいます。

さらに、日盤吉方の効果は仕事にも現れているとおっしゃいます。

細かい作業と丁寧さ、スピードを求められる得意な縫製技術を生かして、主婦業の合間に続けていた仕事も、次々に依頼が舞い込んでくるようになったそうです。

日盤吉方に行くだけでなく、生活の中にしっかり氣学が溶け込んできて、物事の現象が起きた際、結果だけをフォーカスするのではなく、「なぜ、この現象が起きたのか」「どんなメッセージがあるのか」を考えるようになったそうです。

氣学を取り入れた生活は、「こうなりたい！」とか、「こうしたい！」という明確な目標がある時ほど効果が現れているとおっしゃっています。

第4章

あなたの本命星の見つけ方

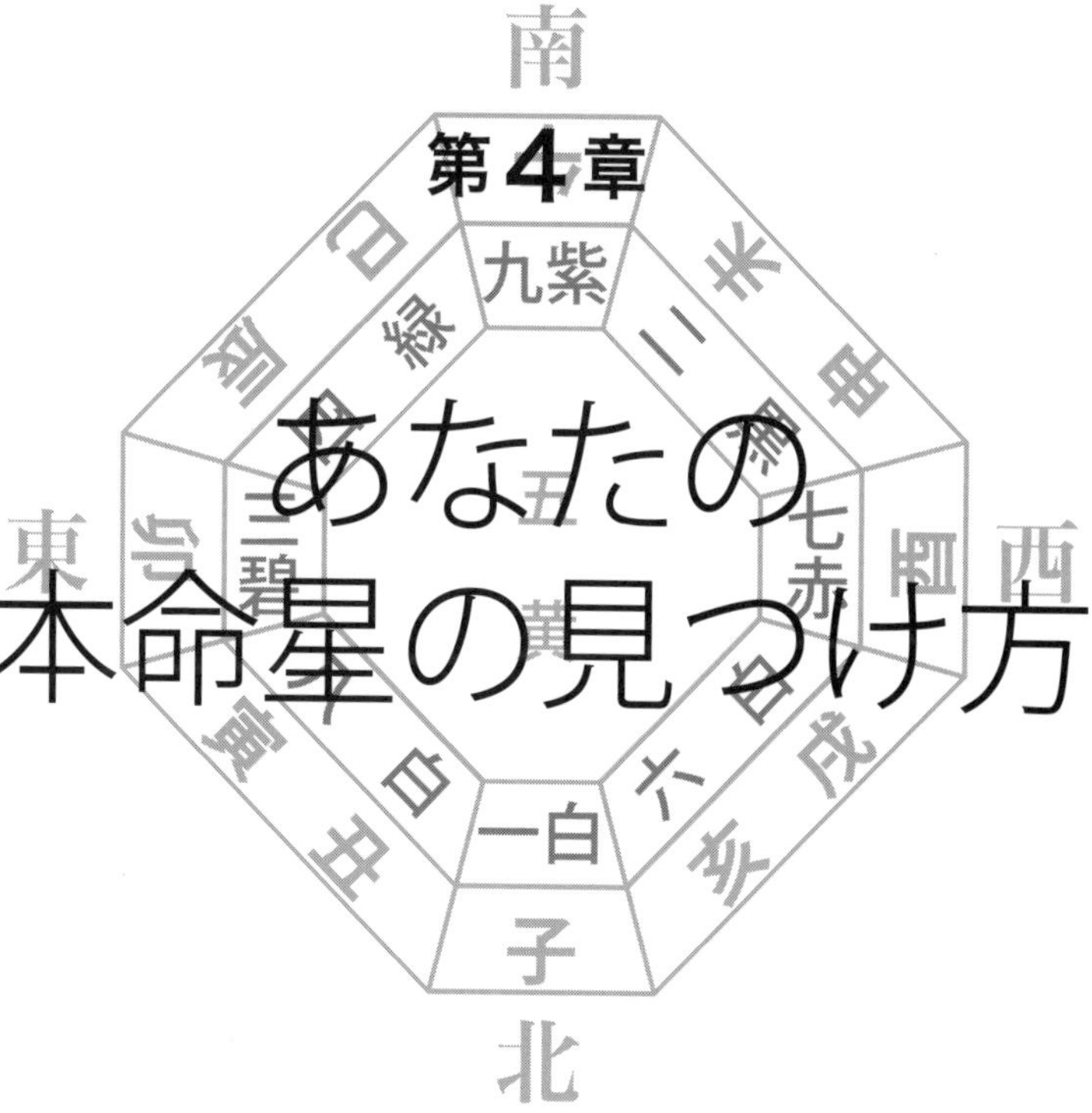

あなたの星「本命星」の見つけ方

あなたの「本命星」を、宇宙の動きから氣学上で読み解くと、後天定位盤で中宮《ちゅうきゅう》（中央）に廻座《かいざ》した星になります。

後天定位盤で中宮に廻座するというのは、宇宙（天）から見たら、その年（1年間）をその星が中心となるエネルギー『氣』として考えられているからです。

「本命星」を見ると、その方の基本的な「性質」や「性格」、さらに「運勢」までも読み解くことができます。ただし、「本命星」が同じ同学年の方の場合は、おおまかな「性質」や「性格」は似ているということが言えますが、たとえ「本命星」が同じであっても生まれた月によって、個性もそれぞれ異なります。

このことから、生まれた年月によって、『氣』も異なることがわかります。

たとえば、2020年4月生まれの方の「本命星」を調べてみましょう。

この章に記載の「本命星早見表」で確認すると、2020年の「本命星」は七赤金星となっていますので、この方は七赤金星が「本命星」ということがわかります。

この方は2020年、七赤金星の『氣』を受けてこの世に誕生していることになります。

ただし、暦の上では、1年の始まりを2月の立春（毎年2月3日前後）からとしていますので、2020年1月生まれの方と2月の立春より前日の方は、前年の星が「本命星」となります。


たとえば、2020年1月15日生まれの方や2020年2月3日生まれの方は、前年（2019年）の星である八白土星が「本命星」となります。

特に、立春（2月の節入り日）前後にお生まれの方は、毎年、月の節入り日は異なりますので、『万年暦』などでご確認ください。


『九星氣学風水』の星には、次のように9つの種類があります。

各星は、それぞれ異なる「性質」をもった星であり、先に述べた「性格」や「運勢」だけでなくその星を象徴する「象意」もあります（第5章を参照）。

★九星の種類

一白水星《いっぱくすいせい》　苦労の星……順応性があり、人とのコミュニケーションが得意な人
二黒土星《じこくどせい》　大地の星……人を育て活かす能力があり、真面目で働き者な人
三碧木星《さんぺきもくせい》　活動の星……豊富なアイデアを持ち、好奇心が旺盛で、行動力抜群の人
四緑木星《しろくもくせい》　調和の星……人当たりが良く、爽やかな雰囲気で、信頼が厚い人
五黄土星《ごおうどせい》　帝王の星……義理人情に厚く、面倒見も良く、存在感がある人
六白金星《ろっぱくきんせい》　正義の星……リーダー気質で、プライドが高く、完璧主義な人
七赤金星《しちせききんせい》　楽天の星……楽しいことが大好きで、愛嬌があり、可愛らしい人
八白土星《はっぱくどせい》　努力の星……存在感があり、面倒見がよく、頼りにされる人
九紫火星《きゅうしかせい》　情熱の星……頭脳明晰で、優れた直感力と探求心がある人

＊昭和45年生まれの人は、本命星が「三碧木星」です。平成3年生まれの人は、本命星が「九紫火星」です。令和元年生まれの人は、本命星が「八白土星」ということになります。

本命星早見表（1920年～1979年）

1920年	大正 9年	八白土星	庚申	1950年	昭和 25年	五黄土星	庚寅
1921年	10年	七赤金星	辛酉	1951年	26年	四緑木星	辛卯
1922年	11年	六白金星	壬戌	1952年	27年	三碧木星	壬辰
1923年	12年	五黄土星	癸亥	1953年	28年	二黒土星	癸巳
1924年	13年	四緑木星	甲子	1954年	29年	一白水星	甲午
1925年	14年	三碧木星	乙丑	1955年	30年	九紫火星	乙未
1926年	昭和 元年	二黒土星	丙寅	1956年	31年	八白土星	丙申
1927年	2年	一白水星	丁卯	1957年	32年	七赤金星	丁酉
1928年	3年	九紫火星	戊辰	1958年	33年	六白金星	戊戌
1929年	4年	八白土星	己巳	1959年	34年	五黄土星	己亥
1930年	5年	七赤金星	庚午	1960年	35年	四緑木星	庚子
1931年	6年	六白金星	辛未	1961年	36年	三碧木星	辛丑
1932年	7年	五黄土星	壬申	1962年	37年	二黒土星	壬寅
1933年	8年	四緑木星	癸酉	1963年	38年	一白水星	癸卯
1934年	9年	三碧木星	甲戌	1964年	39年	九紫火星	甲辰
1935年	10年	二黒土星	乙亥	1965年	40年	八白土星	乙巳
1936年	11年	一白水星	丙子	1966年	41年	七赤金星	丙午
1937年	12年	九紫火星	丁丑	1967年	42年	六白金星	丁未
1938年	13年	八白土星	戊寅	1968年	43年	五黄土星	戊申
1939年	14年	七赤金星	己卯	1969年	44年	四緑木星	己酉
1940年	15年	六白金星	庚辰	1970年	45年	三碧木星	庚戌
1941年	16年	五黄土星	辛巳	1971年	46年	二黒土星	辛亥
1942年	17年	四緑木星	壬午	1972年	47年	一白水星	壬子
1943年	18年	三碧木星	癸未	1973年	48年	九紫火星	癸丑
1944年	19年	二黒土星	甲申	1974年	49年	八白土星	甲寅
1945年	20年	一白水星	乙酉	1975年	50年	七赤金星	乙卯
1946年	21年	九紫火星	丙戌	1976年	51年	六白金星	丙辰
1947年	22年	八白土星	丁亥	1977年	52年	五黄土星	丁巳
1948年	23年	七赤金星	戊子	1978年	53年	四緑木星	戊午
1949年	24年	六白金星	己丑	1979年	54年	三碧木星	己未

本命星早見表（1980年～2039年）

1980年	昭和55年	二黒土星	庚申	2010年	平成22年	八白土星	庚寅
1981年	56年	一白水星	辛酉	2011年	23年	七赤金星	辛卯
1982年	57年	九紫火星	壬戌	2012年	24年	六白金星	壬辰
1983年	58年	八白土星	癸亥	2013年	25年	五黄土星	癸巳
1984年	59年	七赤金星	甲子	2014年	26年	四緑木星	甲午
1985年	60年	六白金星	乙丑	2015年	27年	三碧木星	乙未
1986年	61年	五黄土星	丙寅	2016年	28年	二黒土星	丙申
1987年	62年	四緑木星	丁卯	2017年	29年	一白水星	丁酉
1988年	63年	三碧木星	戊辰	2018年	30年	九紫火星	戊戌
1989年	平成元年	二黒土星	己巳	2019年	令和元年	八白土星	己亥
1990年	2年	一白水星	庚午	2020年	2年	七赤金星	庚子
1991年	3年	九紫火星	辛未	2021年	3年	六白金星	辛丑
1992年	4年	八白土星	壬申	2022年	4年	五黄土星	壬寅
1993年	5年	七赤金星	癸酉	2023年	5年	四緑木星	癸卯
1994年	6年	六白金星	甲戌	2024年	6年	三碧木星	甲辰
1995年	7年	五黄土星	乙亥	2025年	7年	二黒土星	乙巳
1996年	8年	四緑木星	丙子	2026年	8年	一白水星	丙午
1997年	9年	三碧木星	丁丑	2027年	9年	九紫火星	丁未
1998年	10年	二黒土星	戊寅	2028年	10年	八白土星	戊申
1999年	11年	一白水星	己卯	2029年	11年	七赤金星	己酉
2000年	12年	九紫火星	庚辰	2030年	12年	六白金星	庚戌
2001年	13年	八白土星	辛巳	2031年	13年	五黄土星	辛亥
2002年	14年	七赤金星	壬午	2032年	14年	四緑木星	壬子
2003年	15年	六白金星	癸未	2033年	15年	三碧木星	癸丑
2004年	16年	五黄土星	甲申	2034年	16年	二黒土星	甲寅
2005年	17年	四緑木星	乙酉	2035年	17年	一白水星	乙卯
2006年	18年	三碧木星	丙戌	2036年	18年	九紫火星	丙辰
2007年	19年	二黒土星	丁亥	2037年	19年	八白土星	丁巳
2008年	20年	一白水星	戊子	2038年	20年	七赤金星	戊午
2009年	21年	九紫火星	己丑	2039年	21年	六白金星	己未

第5章

本命星で
あなたの本質が
わかる

各1～9までの星が表す象意《しょうい》を理解する

『九星氣学風水』は、1～9までの星で成り立っていますが、それぞれ各星を表す「象意《しょうい》」があります。

天地万物が存在する自然界を1～9までの星に分類し、各星を象徴するものに、十二支、五行、季節、時間、色、味、形、数、十干《じゅっかん》、易象《えきしょう》、象意（総説）があるのです。

「象意」には、天象、場象、事象、人象、職象、身体象（生理）、病気、飲食物象（食物）、動物、植物などあらゆる事象にわたります。

例えば、【一白水星】なら、五行では『水星』になり、「水」を表します。さらに、「氣学」を読み解く上で基本となる「後天定位盤」では、一白水星は、「北」を担当していて、十二支は「子《ね》」となります。ですから時間は、子の刻《こく》と言われる「午後11時～午前1時」までを担当しているのです。

ここで質問ですが、「北の方位」はどんなイメージがありますか？

北から連想するモノとしては〝北国、寒い、雪、氷、北極〟などが挙げられると思います。北の方位を担当している一白水星の季節は、冬至のある「12月」で、五行で表すと、「水」。十干では、水を表す「壬《みずのえ》・癸《みずのと》」となるのです。

各象意に関しても、一白水星を表すものとして『象意（総説）』では、水、穴、秘密、色情、紛失などを表し、『天象』では、寒冷、寒気、雨などが挙げられます。

象意は各星を象徴するもので、『運勢の動向』や『方位の吉凶の現象』などを観る際にも用いられます。

例えば、「本命星」が六白金星の人が、本質を知るには、【六白金星】の象意をみると、五行の「金」は鉱物を表しているので硬く、「形」は完成されたものを意味しています。そのため、性格は几帳面で真面目な上、完璧主義であると判断できるのです。

また、戌と亥の2つの十二支を持つため、時間は戌の刻「午後7時〜午後9時」と亥の刻「午後9時〜午後11時」、つまり、午後7時から午後11時の間になり、この時間を上手く活用することで、本来持っている〝ちから〟を最大限に発揮できるのです。

ここで注意しておきたいのは、記載している各星の「象意」が人格を全て表している訳ではないということです。

さて、自分の本命星の最大吉方（吉方）にあたる「色」や「数」は、〝ラッキーカラー〟や〝ラッキーナンバー〟としても活用できるほかに、日々の吉方取りへ行った際に、最大吉方（吉方）の「飲食物」などを積極的に取り込むことで、「吉の効果」を上げることができます。

「本命星」が二黒土星の方が、『最大吉方』である九紫火星の「色」や「数」を意識して生活する場合、ファッションや持ち物の色を〝ラッキーカラー〟に、電車やロッカーの番号を〝ラッキーナンバー〟にすることで、最大吉方（吉方）を常に意識することができるのです。

読者のみなさまには、私がおススメしている最大吉方（吉方）へ行って、その星の「象意」である「飲食物」を積極的に体内に取り込んで、運気を上げてもらいたいと思っています。

各星の「象意」は、さまざまな活用方法があり、その星を知る上でも大切な〝ツール〟

ですので、何度もご覧になって各星の意味するところを覚えておいてください。
では、各星の「特徴」や「性格」、「象意」をご紹介していきましょう。

一白水星

苦労の星

順応性があり、人とのコミュニケーションが得意な人

★一白水星とは……一白水星を一言で表すと『水』の星

太陽が輝いている時は川や海の流れも穏やかですが、一旦、雨が降ると一滴の雨露から川や海は一変し、時には滝となりパワー溢れる大河となって海へ注がれます。

★一白水星の人の性格と運勢……柔軟性があり、環境の変化に合わせることがとても得意ですが、落ち着きがないため、反対に一つの場所に留まることが苦手です。一見クールで知的な雰囲気を醸し出し穏やかな性格で人当りも良く、人の心に寄り添うことで、沢山の友人や知人に恵まれた人生を送るコミュニケーションの達人です。しかし、誰とでも打ち解けられる反面、頑固な一面も持ち合わせていて、自分の信念を簡単に曲げたりしません。

頭の回転は速く、細やかな気配りや気遣いができ、芯が強く目標や向上心も高いですが、本当はデリケートかつ繊細で傷つきやすく、寂しがり屋でもあります。

不屈の精神力と忍耐力を持ち、とても我慢強いので滅多に弱音を吐くことはありません。また、警戒心が強く、傷つくことを恐れ慎重になるため人を簡単には信用せず、本心を打

ち明けることはなかなかしませんが、いったん心を開いた相手とは信頼関係で結ばれます。

若い頃は苦労が多く、実力や才能が認められず苦しい思いをしても、本来の粘り強い性格を発揮し、苦難を乗り越えることで、中年期には飛躍が期待できるでしょう。

★一白水星の仕事運……環境適応能力が高く、どんな困難な仕事でも、器用に根気強く取り組みます。努力家で勉強熱心なため、コツコツと実績や成果を積み上げていきます。

職業は、事務員、学者、外交員、作家、書家、酒屋、本屋などが適職でしょう。

★一白水星の健康運……とても我慢強いため、身体に負担や無理を掛け過ぎてしまうので注意が必要です（腎臓病、糖尿病、膀胱炎、婦人病、アルコール依存症など）。

★一白水星の恋愛と結婚運……好きになった相手には尽くしますが、独占欲や嫉妬心が出やすいので注意しましょう。恋愛を長続きさせるコツは、適度な距離感を保ちながら付き合うことです。

男性の場合は、器用なタイプではないので、真面目で誠実さをアピールしましょう。

女性の場合は、冷静に相手を見極めてしまうので、慎重になりすぎないようにしましょう。男女共、一途で情にもろく結婚は早婚になりやすい傾向があるでしょう。また、結婚という形式にこだわりがないため、自由なカタチの結婚になりやすいでしょう。

★一白水星の象意

《後天定位》北30度　《先天定位》西30度　《十二支》子　《五行》水
《季節》冬　12月　《時間》午後11時〜午前1時（子の刻）
《色》白・黒・グレー　《味》塩味　《形》穴の開いたもの
《数》1・6　《十干》壬・癸　《易象》坎　☵

【象意（総説）】……奉公人　下層社会　下級品　粗悪品　貧乏　入浴　水行　水泳　冷え込む　洗濯
妊娠　色情　流産　秘密　誘惑　失恋　暗黒　裏　密会　穴　落とす　紛失　陥る　欠陥　沈没　困難
困窮　悩む　苦しむ　睡眠　物忘れ　思案　思考　交わり　不景気　夜逃げ　結ぶ　文字を書く

【天象】……寒冷　寒気　冷気　雨　雪　霧　霜　雹《ひょう》　暗夜　深夜　闇　月　水蒸気　海水　満潮
干潮

【場象（場所）】……裏門　裏口　床下　地下室　寝室　浴室　洗面所　トイレ　流し台　井戸　空き家
留置所　漁場　海水浴場　温泉　池　滝　湿地　水田　水源地　病院　ガソリンスタンド　実家

【事象（品物）】……下着類　雑巾　液体塗料　石油　ガソリン　インク　筆　ボールペン　紙　ロウソク
酒類　釣り道具　パイプ　帯　紐　袴　手拭い　針　死人　仏像　人形　ロボット　収縮するもの

【人象（人物）】……部下　事務員　外交員　尼僧　女中　浮浪者　哲学者　思想家　作家　画家
表具屋　中男　クリーニング屋　印刷屋　風呂屋　魚屋　妊婦　遊女　売春婦　盲人　亡命者
脱走者　空き巣　スリ　囚人

【職象（職業）】……船舶業　水産業　魚師　醸造業　酒店　牛乳店　醤油業　風呂屋　芸者　モデル
売春婦　出版業　本屋　クリーニング業　染物業　印刷業　翻訳業　宗教家　思想家　外交員

【身体象（生理）】……腎臓　脊髄《せきずい》　耳孔《じこう》　鼻孔　陰部　肛門　膀胱　尿道　睾丸《こうがん》　血液　汗　甲状腺
涙腺　眼球　瞳　アザ　ホクロ　シワ

【病気】……腎臓病　脊髄《せきずい》カリエス　糖尿病　膀胱炎　尿道炎　陰部の病気　痔　性病　婦人病
耳の病気　鼻の病気　多汗症　冷え性　血行不順　アルコール中毒　アトピー　リンパ液の病気
子宮がん　バセドウ病

【飲食物象（食物）】……和洋酒類　炭酸水　ジュース　飲料水　牛乳　醤油　味噌　塩　漬け物
脂肪分　魚　刺身　昆布　豆腐　大根　白菜　カブ　ニンジン　芋類　飴類

【動物】……魚一般　イカ　タコ　魚類の卵　キツネ　イタチ　ラッコ　豚　白熊　コウモリ
フクロウ　オタマジャクシ　蛙　ナメクジ　ミミズ　トカゲ　カタツムリ　亀　雀　水鳥

【植物】……椿　梅　藤　水仙　福寿草　蘭　ヒノキ　藻　蓮　水草類　浮草類　イチジク　ゴボウ

二黒土星

大地の星

人を育て活かす能力があり、真面目で働き者な人

★二黒土星とは……二黒土星を一言で表すと『大地』の星

土は耕土を表す、田や畑からは豊かな作物が育つため、母親が子育てをする様《さま》や、天からの恩恵を受け取る大きな懐《ふところ》を表しています。

★二黒土星の人の性格と運勢……母なる大地のような柔軟に何もかも受け入れる包容力があり、親切で面倒見がよく、困っている人に手を差し伸べる慈悲深さがあります。性格は穏やかで芯はしっかりしている上、裏表がないので一緒に居て居心地の良い相手です。

何事においてもコツコツと辛抱強く取り組み、持続力もありますが、物事を決断することがとても苦手で慎重すぎるあまり、優柔不断になりやすいでしょう。また、マイペースな一面を持ち、他人のペースに巻き込まれることは稀《まれ》です。不器用なため、お世辞を言ったり、愛嬌を振りまいたりすることも苦手です。見た目は温和に見えますが、内面は嫉妬深いところがあります。どんな状況にあっても粘り強さと根気で、目標に向かって一歩一歩進める大器晩成型。次第に誠実な人柄や態度が評価され人が集まってきます。

若い頃は、真面目で素直な態度に年長者から慕われます。苦労を積極的に背負いつつ、実力と自信をつけることにより、中年期になるとこれまでの努力が実を結ぶでしょう。

★二黒土星の仕事運……非常に真面目で働き者です。リーダーの補佐役に徹することで、持ち味を存分に発揮することができます。人を育てサポートする仕事が適任で、縁の下の力持ちとして活躍できます。食料品店、衣料品店、看護婦、保育士、農業、不動産業などが適職でしょう。

★二黒土星の健康運……暴飲暴食による消化器官へ負担やストレスを溜め込むことによる病気に注意です（食欲不振、下痢、便秘、胃潰瘍、脾臓、貧血、拒食症、健忘症など）。

★二黒土星の恋愛・結婚運……気持ちを胸の内に秘めつつ、慎重にゆっくりと時間をかけて、相手と向き合います。その姿が相手に好感を持たれ、次第に恋愛に発展していく可能性が高いでしょう。

男性の場合は、一緒にいて安心感が得られるように、相手を優先に考えます。

女性の場合は、相手を大切に想うあまり、尽くし過ぎる傾向があるでしょう。

男女共、積極的に行動することが苦手なため、恋愛よりも紹介の方が良縁に恵まれます。

結婚後の女性は、内助の功を発揮し、家庭を守る良妻賢母になるでしょう。

★二黒土星の象意

《後天定位》南西60度　《先天定位》北30度　《十二支》未・申　《五行》土

《季節》夏から秋　7月〜8月

《時間》午後1時〜午後3時（未の刻）・午後3時〜午後5時（申の刻）

《色》黄・茶　《味》甘味　《形》平らなもの・四角いもの

《数》5・0　《易象》坤《こん》 ☷

【象意（総説）】……地球　大地　田畑　開墾　母　主婦　従順　謙虚　丁寧　倹約　気苦労　心労　大衆　大勢　古い問題　古い知人　不決断　心中複雑　準備中　相談中　考慮中　協議中　知役　労働　営業　勤勉　勤労　努力　闇　迷う　下級品　技芸　謙虚　世話好き　サービス精神　疑惑

【天象】……曇天　穏やかな日和　初秋　霧

【場象（場所）】……地球　平地　野原　田畑　農耕地　埋立地　本籍地　仕事場　野球場　運動場　土俵　農村　農家　母屋　光が届かない所　土蔵　押し入れ　物置　倉庫　質屋　工場　未開の地

【事象（品物）】……木綿織物　低価格織物一式　座布団　蒲団　敷物類　ゴザ　タタミ　農具　レンガ　タイル　粘土　木炭　土器　陶器　碁盤　将棋盤　古物　お下がりの衣類　骨董品　古道具　盆栽

【人象（人物）】……女王 妃 皇太子妃 姫 女官 主婦 妻 母 姪 老人 老婆 姑 身内縁故者
迷子 副社長 次席 助役 副官 内務大臣 使用人 大衆 民衆 労働組合 田舎の人 黒人
【職象（職業）】……農業 農具業 乾物業 製粉 米屋 穀物ブローカー 土木技師 大工業 裁縫家
手芸家 不動産業 駄菓子屋 古物商 中古衣料 古本屋 蒲団屋 下駄屋 産科医 助産婦
【身体象（生理）】……脾臓 腹部 腸 胃 右手 子宮 卵巣
【病気】……胃潰瘍 胃癌 胃酸過多 胃拡張 胃下垂 食欲不振 下痢 便秘 嘔吐 腹膜 拒食症
貧血 過労 不眠症 肩こり 皮膚病 ニキビ ソバカス 乳ガン 子宮ガン 卵巣ガン
【飲食物象（食物）】……玄米 白米 大麦 小麦 五穀 大豆 そば粉 麩 おにぎり 煮豆 砂糖
煎餅 おはぎ お団子 蒲鉾 竹輪 おでん 煮物 パン カステラ 五目ソバ 炊き込みご飯 炒飯
【動物】……牝馬《ひんば》 牝牛 ヤギ カラス 土蜘蛛 サル 蟻 ダチョウ ホトトギス
【植物】……コケ ワラビ 黒柿 樹幹 芝生

三碧木星

活動の星

豊富なアイデアを持ち、好奇心が旺盛で、行動力抜群な人

★三碧木星とは……三碧木星を一言で表すと『雷』の星

草木が勢いよく成長する際に溢れ出る様を、電気を発する音に例えています。雲と地上との間の放電によって起こる自然現象である雷は、光と音を発生させます。

★三碧木星の人の性格と運勢……とにかく活発でエネルギッシュな行動力は、年齢を重ねても年を感じさせないパワーがあります。

好奇心やチャレンジ精神が旺盛なため、興味を持ったことはすぐに実行するのですが、熱しやすく、冷めやすい傾向があり、なかなか長続きしません。企画力や発想力が豊富で、ヒラメキやアイデアが次々と湧いてきますが、計画的に行動することが苦手です。感情の起伏が激しく、素直で正直な上、好き嫌いがはっきりしているので、人間関係に摩擦が生じることもあります。世話好きで正義感が強く、少々怒りっぽいのは、デリケートで臆病な内面のせいです。若い星と言われているが故に、早めに人生の基盤を作り上げておくことが、人生を安心して生きて行く上でのポイントになります。

中年期以降、今までと同じような考えで物事を進めても、若い頃のような成功や進展を望むことは難しくなりますので、若年期の仕事や私生活の過ごし方が中年期以降に大きく影響してくるでしょう。

★三碧木星の仕事運……向上心が旺盛で積極的に行動しますが、周囲と調和を図りながら進めることは苦手なため、独立して実力を存分に発揮させる方が良いでしょう。

職業は、ジャーナリスト、アナウンサー、マスコミ関係、音楽関係などが適職でしょう。

★三碧木星の健康運……生まれつき健康運には恵まれていますが、過信して無理をしやすい傾向があります（神経痛、リウマチ、肝臓病、ノイローゼ、足の病気、声帯異常など）。

★三碧木星の恋愛と結婚運……好意を持った相手には自分から積極的にアプローチしますが、駆け引きは上手くありません。また、情熱的な恋愛を好み、相手を独占したがるため、子供っぽいところがあります。

男性の場合は、自分の弱さをさらけ出して、甘えさせてくれる相手が良いでしょう。

女性の場合は、相手の身分や容姿にこだわり過ぎる傾向があるでしょう。

結婚後の男性は仕事優先になり、家庭を顧みない傾向があります。結婚後の女性は、専業主婦は不向きです。ストレス発散のために仕事を持つと家庭とのバランスが保たれます。

★三碧木星の象意

《後天定位》東30度　《先天定位》北東60度　《十二支》卯　《五行》木
《季節》春　3月　《時間》午前5時～午前7時（卯の刻）
《色》青・紺　《味》酸味　《形》音あって形のないもの
《数》3・8　《十干》甲《きのえ》・乙《きのと》　《易象》震《しん》 ☳

【象意（総説）】……音　声楽　声　口笛　弁才　講演　説教　読経　伝言　討議　拍手　喝采　論争
冗談　詐欺　嘘　ドモリ　失言　クシャミ　悲鳴　吐息　悲嘆　騒ぎ　にぎやか　震動　雷　電気　漏電
爆発　新規事業　新製品　新品　独立　開業　喧嘩　驚き　驚愕　喧嘩　脅迫　恐喝　叱責
【天象】……雷雨　落雷　雷鳴　稲妻　地震　地鳴り　地滑り　噴火　竜巻　突風　東風
【場象（場所）】……戦地　火薬庫　射的場　震源地　発電所　電話局　電気屋　音楽堂　演奏会　劇場
放送局　スタジオ　ゲームセンター　パチンコ屋　春の庭園　春の田畑　青物市場　商店街　繁華街
【事象（品物）】……和洋楽器全部　ピアノ　オルガン　ギター　バイオリン　琴　笛　拍子木　太鼓
木魚　鈴　鐘　CD　DVD　パチンコ　ラジオ　テレビ　ミキサー　ジューサー
洗濯乾燥機　補聴器　携帯電話　花火　ダイナマイト　火薬　爆発物　銃　歯ブラシ　音が出るもの

【人象（人物）】……長男　青年　若者　皇太子　学生　アナウンサー　噺家《はなしか》　歌手　声優　音楽家　電話交換手　ガイド　詐欺師　生意気をいう人　騒がしい人　虚言者　ホラ吹き　タレント

【職象（職業）】……アナウンサー　声優　漫才師　電話交換手　作曲家　放送局員　教師　電力会社　青物商

【身体象（生理）】……肝臓　喉頭　舌　左手　左足　脛《すね》

【病気】……肝臓病　膠原病　喉頭炎　百日咳　吃音　ヒステリー　ノイローゼ　テンカン　リウマチ　脚気《かっけ》　ヒャックリ　打ち身　神経痛　声帯異常　失語症　足の病気

【飲食物象（食物）】……柑橘類　レモン　柚子　酸味のあるもの　酢の物　梅干し　野菜全般　若い芽　緑茶

【動物】……ウグイス　ヒバリ　カナリヤ　鳴く鳥全部　鈴虫　セミ　鳴く虫全部　ウサギ　ハチ

【植物】……盆栽　植木　野菜全般　草木全般　柑橘類

四緑木星

調和の星
人当たりが良く、爽やかな雰囲気で、信頼が厚い人

★四緑木星とは……四緑木星を一言で表すと『風』の星

三碧木星の木が若木や発芽を表すのに対し、四緑木星の木は、成長した樹木を表しています。成長した樹木は、成熟しており、潤い、整い、完成された状態です。

★四緑木星の人の性格と運勢……どんな場所でもカタチを変えて柔軟に対応することができるので、さまざまな分野においても幅広く活躍ができます。

穏やかで優しく、爽やかで透明感のある雰囲気は、目上の人には可愛がられ、年下には慕われる人気者で、誰からも好感を持たれます。人との調和を大切にするため、争い事や対立を避け、人間関係が円滑に運ぶように、自然に相手の気持ちに寄り添えるコミュニケーションの達人でもあります。好奇心も旺盛で多才な趣味と交友関係により、仕事もプライベートも充実した生活を送ります。

移り気で気分屋の傾向があるため、決断力に欠け、優柔不断なところがあります。見た目の温和な性格とは異なり、芯はしっかりしていて、目標達成のためなら努力を惜しみま

せん。信頼できるパートーや仲間に巡り合うことで、本来の能力が発揮されるため、人脈形成作りがとても大切になってきます。

中年期以降は、これまでに築き上げた人脈や才能を生かした活動をすると良いので、40歳くらいまでに人生の基盤を作っておくことがカギとなるでしょう。

★四緑木星の仕事運……器用で柔軟性があるためどこにいても重宝がられます。一人で仕事を進めるよりは、組織の中や仲間と事業をする中での調整役が期待されるでしょう。職業は、旅行関係、マスコミ関係、貿易関係、ファッション関係などが適職でしょう。

★四緑木星の健康運……体力があるため多忙な毎日を送りがちですが、休息を取ることを心掛けましょう。（呼吸器、風邪、気管支炎、内臓疾患、筋の病、腱鞘炎、円形脱毛症など）

★四緑木星の恋愛と結婚運……物腰柔らかな雰囲気は魅力的で、人気がありモテるでしょう。愛情表現はストレートです。情熱的になりやすいので慎重さを心掛けましょう。

男性の場合は、誰に対しても優しいので、誤解されやすいでしょう。

女性の場合は、情に流されやすいので、冷静さが求められるでしょう。

結婚後の男性は、どんなに仕事が忙しくても家庭を第一に考えますが、家族には厳しいところがあります。結婚後の女性は内助の功を発揮し、穏やかな家庭を築くでしょう。

★四緑木星の象意

《後天定位》南東60度　《先天定位》南西60度　《十二支》辰・巳　《五行》木
《季節》　春から夏　4月〜5月
《時間》午前7時〜午前9時（辰の刻）・午前9時〜午前11時（巳の刻）
《色》緑（ライトグリーンからモスグリーンまで）《味》酸味　《形》整ったもの
《数》　3・8　《易象》巽《そん》　☴

【象意（総説）】……活動　成長　多忙　労働　雇用　営業　整う　温順　信用　繁盛　整理　縁談　結婚
恋愛　交際　遠方　旅行　交通　運送　流通　空気　風　評判　宣伝　長い物　頭髪　自然　散歩

【天象】……風　四季の風を司る　突風　大風　微風

【場象（場所）】……玄関　出入口　道路　切通坂　幹線道路　大通り　飛行場　線路　駅舎　道の駅
ホーム　郵便局　材木置き場　鳥居　繁栄している店舗や事務所

【事象（品物）】……長い物　糸類　ヒモ　ナワ　ロープ　毛髪　帯　材木　木材製品　建具　敷居
電柱　電線　ポータルサイト　ブロードバンド　ネット関連　ネットショップ　飛行機　飛行船
気球　レール　換気扇　扇風機　旗　ウチワ　扇子　凧《たこ》　羽　手紙　ハガキ　お香　ガス

【人象（人物）】……長女　成熟した女性　円満な人　主婦　女中　尼僧　花嫁　旅人　行商人　案内人
運送屋　郵便配達員　集配人　パイロット　蕎麦屋　呉服屋　材木商　遊牧民　髪結い　庭師
【職象（職業）】……繊維業　紡績業　毛糸業　綿糸業　洋品店　呉服屋　製紙業　出版業　通信販売業
郵便局　商社　輸送業　広告宣伝業　蕎麦屋　建具業　人気商売　スポンサー　ペットショップ
【身体象（生理）】……頭髪　食道　気管　神経　筋　動脈　リンパ　腸　オナラ　ワキガ　左手
【病気】……呼吸器　風邪　気管支炎　喘息　神経痛　円形脱毛症　内臓疾患　肝臓　胆石　脱腸　脱肛
【飲食物象（食物）】……うどん　蕎麦　ラーメン　パスタ　ウナギ　穴子　肉類の燻製品
繊維質の野菜　山菜類
【動物】……ヘビなど長いもの全般　鳥類全般　チョウ　トンボ　ハチ
【植物】……松　杉　柳　葦《あし》　トクサ　マコモ　木の葉　枯草　菖蒲　百合　蘭　バラ　朝顔　ハーブ
香草香木類　ツタ類　ニラ　ニンニク　ネギ　ゴボウ　フキ

五黄土星

帝王の星

義理人情に厚く、面倒見も良く、存在感がある人

★五黄土星とは……五黄土星を一言で表すと『帝王』の星

同じ土を表す二黒土星の耕した土とは反対に、黄土は地球そのものを表していて、大地は生物や植物を生み出す力はある反面、全てを腐敗させてしまう力を持ちます。

★五黄土星の人の性格と運勢……9つの星の中心を担う五黄土星は宇宙の中心でもあるため、どんな場所においても常に中心的存在で周囲を圧倒させるパワーと存在感があります。

九星の中で一番独立心が強く、親分肌でリーダーの気質が備わっているため、何かと指図されるのを嫌います。

どんな逆境においても困難に打ち勝つ力と、それを乗り越えるだけの強靭な精神力と根性があります。また、開拓精神も旺盛で、高い目標を掲げて人生を切り拓いていきます。

人情に厚く、自分を頼ってくる相手や弱い立場の人に親切に世話を焼くなどの反面、プライドが高く個性的な性格であるためにわがままと捉えられ周囲からは理解されにくく、反感を買うことがあるので、周りとの協調性を大切にしましょう。

人生は、波乱万丈になりやすい傾向があります。中年期は、これまでの経験により、人間的にも丸みが出ることで益々活躍できます。晩年期には、力強くたくましい生き方に社会的な信用や人望が高まり、安定した生活を送るでしょう。

★五黄土星の仕事運……どんな環境にあっても存分に力を発揮でき、統率力もあるので、組織の中心的な役割を担います。物事を強引に進めることには注意しましょう。職業は、自営業、政治家、官僚、葬儀屋、金融業、不動産業などが適職でしょう。

★五黄土星の健康運……精神力が強く、身体も丈夫ですが、不摂生な生活をすると健康を害しやすいでしょう（脾臓の病、肝臓の病、心臓の病、高熱病、便秘、下痢、腫物、がん全般）。

★五黄土星の恋愛と結婚運……独占欲が強く少々強引な面もありますが、一途で、ロマンティックな恋愛を好みます。愛情深く情熱的なため、嫉妬深いところがあるでしょう。

男性の場合は、相手を強引に束縛しようとするとトラブルになりやすいでしょう。

女性の場合は、強く見られがちなので、たまには可愛らしく甘えてみましょう。

結婚後の男性は、責任感が強く、亭主関白になりやすい傾向があります。

結婚後の女性は、家族を大切に想い家庭を守り、献身的に尽くすようになるでしょう。

★五黄土星の象意

《後天定位》中央　《先天定位》なし　《十二支》なし　《五行》土
《季節》なし　《時間》なし
《色》黄・茶・ベージュ　《味》甘味　《形》腐敗したもの
《数》5・0　《十干》戊《つちのえ》・己《つちのと》　《易象》男＝艮《ごん》☶・女＝坤《こん》☷

【象意（総説）】……火災　ボヤ　天変地異　大爆発　崩壊　壊滅　滅亡　病気　死亡　無理心中
破産　倒産　葬式　慢心　強盗　強奪　脅迫　殺人　殺意　破壊　故障　残虐　失業　廃業
崩壊　全滅　腐敗　毒薬　古い　老人　支配　中央　中心　八方塞がり　名誉棄損　愛情深い
【天象】……曇り　天候の悪化　荒天　猛暑　天変地異　四季の土用
【場象（場所）】……古戦場　火事場跡　火葬場　墓場　事故災害現場　ゴミ捨て場　汚染物処理場
便所　泥土　未開地　荒地　砂漠地　埋立地　死刑場　刑務所　汚れた場所
【事象（品物）】……古道具　古着　不用品　売れ残り品　壊れたもの　腐敗したもの
荒廃した家や建物　粗悪品　偽造品
【人象（人物）】……帝王　総理大臣　支配人　死人　変死者　自殺者　死刑囚　乞食

浮浪者　悪人　暴力団　強盗　殺人犯　泥棒

【職象（職業）】……政治家　官僚　支配人　金融業　葬儀屋　スクラップ業

古道具業　古着業　汚物・塵芥取扱業　産業廃棄物取扱業

【身体象（生理）】……脾臓　大腸　消化器官　腹部　五臓六腑

【病気】……脾臓の病　肝臓の病　肺臓の病　心臓の病　腎臓の病　高熱病　便秘　下痢　チブス

胃癌　子宮病　腫れ物　痣《あざ》　ガン全般

【飲食物象（食物）】……腐敗したもの　発酵したもの　納豆　味噌　酒粕　チーズ　食べ残し

売れ残り　塩こうじ　賞味期限切れのもの　粗末な食品　値段の安い菓子

【動物】……南京虫　ゴキブリ　ノミ　シラミ　ハエ　蚊　毛虫　カマキリ　毒蛇　毒虫

【植物】……毒草　毒茸全般

六白金星

正義の星

リーダー気質で、プライドが高く、完璧主義な人

★六白金星とは……六白金星を一言で表すと『天』の星

天や太陽を表していて、万物に生きるためのエネルギーを降り注いでくれています。六白金星の金は洗練されていない鉱石の金属を表しているので、磨けば磨くほど輝きます。

★六白金星の人の性格と運勢……社会に出て叩かれるほど人間的にも深みが出て、本来の才能を発揮します。九星の中で一番活動的で働き者であるが故に、社会の荒波に揉まれることでより一掃磨きがかかり、大きく成長、飛躍する可能性を秘めています。責任感のある行動や実績が周囲に認められ信頼を得ることで、リーダー的存在となるでしょう。

知識欲が旺盛で頭の回転が速く、負けず嫌いでストイックな性格なため、常に上を目指そうとします。そのため、自分が思っているように物事が進まないとイライラし、思ったことを口に出すため、誤解を招きやすく勘違いされやすい傾向にあります。人一倍、正義感が強く曲がったことは許せない性分なため、不正や悪事を嫌い、公明正大な生き方を好みます。実は、強そうに見えて繊細でナイーブな面があります。

中年期は、人間的な厚みが増し、本来持っている統率力に磨きがかかり、良識や寛容さも養われリーダーシップを発揮して活躍するでしょう。晩年期には、それまでに培った実績や経験の成果が表れ、安定した生活を送るでしょう。

★六白金星の仕事運……何事にもパワフルに全力で向き合うため、どんな仕事でも一生懸命に取り組みます。忍耐力や責任感があり、行動力も溢れているので専門的なスペシャリストに向きます。職業は、政治家、銀行員、運転士、自動車業、宝石業などが適職でしょう。

★六白金星の健康運……仕事も遊びもエネルギッシュに取り組むため、知らないうちに疲れが溜まりやすいでしょう（心臓病、発熱、精神疲労、頭痛、皮膚病など）。

★六白金星の恋愛と結婚運……外見はクールに見えても内面は情熱を秘めていて、見た目に惑わされることなく慎重に相手を判断し、中身のない口先だけの軽そうな相手は選んだりしません。

男性の場合は、言動に注意しないと、無意識に相手を傷つけている恐れがあります。

女性の場合は、プライドや理想が邪魔をしてチャンスを逃しやすいでしょう。

結婚後の男性は、一家を守る大黒柱として家庭を大切にするでしょう。

結婚後の女性は、仕事中心になり、家庭との両立を図りながら結婚生活を送るでしょう。

★六白金星の象意

《後天定位》北西60度 《先天定位》南30度 《十二支》戌・亥 《五行》金
《季節》秋から冬 10月〜11月
《時間》午後7時〜午後9時（戌の刻）・午後9時〜午後11時（亥の刻）
《色》金・銀・プラチナ 《味》辛味 《形》完成されたもの・円いもの
《数》4・9 《易象》乾《けん》 ☰

【象意（総説）】……晩年 老成 大器 収穫 収蔵 米蔵 原料 財産 株券 債券 小切手 頭脳 精神性 寛大 誠実 堅固 純粋 健やか 模範 円 球体 動いて止まず 時計 自転車 多忙 闘い 天 完成 頭領 権威 権力 政治 首脳部の会議 官庁 戦争

【天象】……青空 晴天 突風 ヒョウ 霜害

【場象（場所）】……お城 宮城 神社 仏閣 教会 迎賓館 国会議事堂 参議院 衆議院 防衛庁 警視庁 官庁 高層ビル 証券取引所 国立競技場 運動場 野球場 博物館 劇場 都市 高級地 繁華街 高台 景勝地 名所旧跡 大海原 銀行 金庫

【事象（品物）】……小切手 手形 株券 債権 切符 ロケット オートバイ 電車 自動車 汽車

自転車　速い乗り物全て　機関銃　精密機器　水車　歯車　宝石　ダイヤモンド　金　銀　真珠　時計
指輪　高級衣料　手袋　靴下　帽子　コンピュータ　パソコン　ダブレット

【人象（人物）】……天皇　大統領　国王　君子　首相　各大臣　官僚　司法官　社長　会長　神官　軍人
聖人　賢人　高貴な人　神父　牧師　僧侶　校長　教師　アドバイザー　父　主人　夫　独裁者

【職象（職業）】……政治家　銀行員　法律家　証券取引業　外国為替業　自動車業　機械関係業
鉄道事業　製鉄業　飛行機業　交通車両関係全般　時計　貴金属業　運動具業　スポーツ選手

【身体象（生理）】……脳（機能的な働き）　心臓　左肺　大動脈　肋骨　汗

【病気】……頭痛　発熱　高熱の病気　狂気　神経過敏　精神疲労　めまい　心臓病　肋膜《ろくまく》
交通事故　損害事故　皮膚病　ニキビ　腫物　便秘

【飲食物象（食物）】……秋の食べ物全般　メロン　スイカ　バナナ　リンゴ　クリ　ナシ　ウリ
高級和菓子　柏餅　アンコロ餅　カステラ　落花生　天ぷら　いなり寿司　海苔巻き　春巻き　焼売
餃子　鰹節　干魚　干貝　鉄分のあるもの（パセリ・ほうれん草）　氷砂糖　かき氷

【動物】……大蛇　猛獣　虎　熊　架空の動物（鳳凰《ほうおう》、天狗、獅子、竜）　鶴　犬　猫　鯉

【植物】……菊　秋に咲く花全般　秋の果物全般　薬草　ザクロ　ダイダイ

七赤金星

楽天の星

楽しいことが大好きで、愛嬌があり、可愛らしい人

★七赤金星とは……七赤金星を一言で表すと『喜び』の星

六白金星の金が鉱石そのものを表し、七赤金星の金は、掘り出された鉱石ではなく、洗練された金属を表しています。

★七赤金星の人の性格と運勢……若い頃に試練が多いほど晩年は繁栄していきます。一生、衣食住に困らない福徳を持って生まれてきているので、お金に困ることはないでしょう。

生まれつき器用な人が多く、豊かな社交性と愛嬌、さらに巧みな話術でたくさんの人を魅了し、若々しいアイドル的存在で、自然と周りに人が集まってきます。頭の回転が速い上、話題のジャンルも幅広く、サービス精神も旺盛です。ただし口が達者な割に行動力が乏しいため、口先だけにならないようにすることが大切でしょう。

鋭い感性と洞察力に優れているため、人の気持ちを汲み取ることが得意ですが、実は、神経質な面があり、冷淡な部分も持ち合わせている繊細な心の持ち主です。何事にも好奇心旺盛なため、興味のあることに積極的にチャレンジしますが、飽きっぽいところがある

ため長続きしません。食べ物に目がなく、趣味も多彩で興味も次から次へと移り変わり、散財しやすい傾向があります。

晩年は生活も安定し、これまでに培った人脈と実績と財で安泰に暮らせるでしょう。

★七赤金星の仕事運……社交的な上、鋭い洞察力と言葉巧みな話術が武器となって、アイデアを生かしたビジネスで脚光を浴びる可能性があります。

職業は、飲食店、タレント、歯医者、銀行員、水商売などが適職でしょう。

★七赤金星の健康運……飲食を好むため、暴飲暴食になりやすいでしょう（胸部疾患、結核性の病気、歯痛、口内炎、月経不順、血行不順など）。

★七赤金星の恋愛と結婚運……親しみやすく愛嬌があり、人気者でモテるため、恋愛に溺れやすい傾向にあります。感情に流されることなく、相手を判断することが大切です。

男性の場合は、若い頃は仕事も恋愛も夢中になりやすいので晩婚の傾向があります。

女性の場合は、感情に左右されやすいため、落ち着いて結婚相手を選べる晩婚が良いでしょう。

結婚後の男性は、仕事も家庭も大切にする子煩悩な父親となるでしょう。

結婚後の女性は、笑いの絶えない愛情豊かな家庭を築けるでしょう。

★七赤金星の象意

《後天定位》西30度　《先天定位》南東60度　《十二支》酉　《五行》金
《季節》秋　9月　《時間》午後5時〜午後7時（酉の刻）
《色》オレンジ・ピンク　《味》辛味　《形》へこんだもの・ひとつ足りないもの
《数》4・9　《十干》庚《かのえ》・辛《かのと》　《易象》兌《だ》 ☱

【象意（総説）】……現金　利息　金銭　紙幣　利益　借金　質屋　喜び　笑い　娯楽　飲食　宴会
祝賀会　少女　恋愛　愛嬌　社交　口　弁舌　雄弁　口論　欠ける　不十分　不足　不注意　欠陥

【天象】……西風　秋風　秋晴れ　冷気　荒れ模様　暴風雨　変わりやすい天気　日没　新月

【場象（場所）】……沢　窪地　水溜り　ため池　堀　沼　溝　使用していない井戸　石垣　山崩れ　盆地
断層　居酒屋　飲食店　遊園地　養鶏場　鶏肉店　銀行のATM　貯蔵庫　造船所　結婚式場

【事象（品物）】……刃物　鍋　釜　フォーク　スプーン　工具金物　鈴　釣鐘　金属類　医療器械
冷蔵庫

【人象（人物）】……少女　後妻　妊婦　不良少女　芸妓　芸人　ホステス　歯科医　講演者　金融業者
弁護士　通訳　銀行勧誘員

【職象（職業）】……砂糖業　製菓業　飲食店　和洋菓子店　鶏肉業　キャバクラ嬢　勧誘業
趣味娯楽関係の仕事　歯科医業　金融業　質店　軽金属刃物商　銀行員　弁護士　講演家　家事手伝い
セールスマン
【身体象（生理）】……右肺　口中　歯　舌
【病気】……胸部疾患　結核性の病気全般　敗血病　喘息　咳　口腔疾患　口舌病　歯痛　口内炎　性病
月経不順　血行不順　神経衰弱　打撲傷
【飲食物象（食物）】……珈琲　ココア　紅茶　牛乳　ビール　酒　唐辛子　お汁粉　餅菓子　鶏肉　玉子
【動物】……羊　猿　鶏　水鳥の類
【植物】……月見草　女郎花《おみなえし》　撫子　萩　桔梗　全ての秋草　西瓜　沼沢地帯に生える草木

八白土星

努力の星

存在感があり、面倒見がよく、頼りにされる人

★八白土星とは……八白土星を一言で表すと『土』の星

二黒土星の土は耕土、五黄土星の土は、地球そのものを表しているのに対し、八白土星の土は、高い山を表しています。

★八白土星の人の性格と運勢……生まれ持って相続運があるので、親の事業や遺産を受け継いだり、他人の築いた事業を受け継いだりするでしょう。

慎重な上、真面目で努力家です。信念や目標を簡単に変えない頑固な一面もありますが、一度決めた目標に向かって前進するので、根性と粘り強さは九星の中で一番です。

プライドが非常に高く、人の好き嫌いもはっきりしており、お世辞や愛嬌は苦手で、人に頭を下げることに抵抗があります。初対面で打ち解けるのは難しいので誤解を招きやすく、交流を重ねる中で人情味あふれた面倒見の良さが次第に理解されていきます。人から指図されることを嫌うために人間関係でトラブルが生じやすいので特に注意が必要です。

チャンスが巡ってきても積極的な変化を嫌うため、逃しやすい傾向があります。

金銭に執着があるため、合理的な方法で蓄財していこうと考えます。また、開拓精神が旺盛で新天地を切り拓いていくバイタリティもありますが、興味が長続きはしません。

晩年期は、これまでの努力や苦労が実り、安泰に暮らせるでしょう。

★八白土星の仕事運……根気があり堅実に物事を進めるので信頼され、その仕事ぶりを買われます。不器用なため、一つの仕事を突き詰める方が持ち前の良さを発揮できます。職業は、教育関係、建築業、僧侶、不動産仲介業、ホテル・旅館業などが適職でしょう。

★八白土星の健康運……見た目とは異なり内臓が弱く、ストレスを溜め込むと不調をきたします（蓄膿症、外耳炎、腰痛、背痛、盲腸炎、関節痛、拒食症、骨折、対人恐怖症など）。

★八白土星の恋愛と結婚運……客観的に相手を判断するため、一目惚れをするタイプではありません。また、簡単に気持ちを打ち明けることもなく、なかなか恋愛に発展しにくい傾向があります。

男性の場合は、真面目で不器用なため、恋愛と結婚を一緒に考えやすい傾向があります。

女性の場合は、理想が高いので、より好みしていると婚期が遅れる傾向があるでしょう。

結婚後の男性は、思い描いていた通りの安定した家庭を築くことができます。

結婚後の女性は、家庭や家族を大切にし、理想的な生活を描けるでしょう。

★八白土星の象意

《後天定位》北東60度　《先天定位》北西60度　《十二支》丑・寅　《五行》土

《季節》冬〜春　1月〜2月

《時間》午前1時〜午前3時（丑の刻）・午前3時〜午前5時（寅の刻）

《色》黄・茶　《味》甘味　《形》山型のもの・とがったもの

《数》5・0　《易象》艮《ごん》☶

【象意（総説）】……停滞　停止　止まる　静止　中止　廃業　閉店　新規　開始　開業　出発　改造　改革　復活　再起　蘇る　相続　引継ぎ　交代　代理店　継ぎ目　先祖　親類　山　高所　山林

【天象】……季節の変わり目　天候の変化　曇り　雲　霧

【場象（場所）】……旅館　ホテル　別荘　倉庫　立体駐車場　山小屋　生き止まりの家　山　高台　土手　石段　築山《つきやま》　階段　堤防　橋　トンネル　境界線　交差点　改築の家　改修の家

【事象（品物）】……はぎ合わせたもの　パッチワーク　チョッキ　屏風　衝立　積み重ねたもの　積み木　重箱　定期預金　貯蓄　骨董品　家具類　印鑑　土中の物　岩石　新製品（改良品）

【人象（人物）】……相続人　後任者　親族縁者　小さな男の子　資産家　仲介業者　山伏　僧侶

強欲な人

【職象（職業）】……建築業　倉庫業　僧侶　力士　旅館・ホテル業　ビル経営　不動産仲介業　牛肉店

毛皮店

【身体象（生理）】……外耳　外鼻　背　腰　筋肉　関節　脊髄《せきずい》　手足の付け根

【病気】……蓄膿症　外耳炎　腰痛　背痛　関節痛　盲腸炎　関節炎　小児麻痺　半身不随　血行不順

骨折　骨粗しょう症　骨肉腫

【飲食物象（食物）】……牛肉料理　魚の卵　数の子　タラコ　イクラ　高級菓子　団子　芋類

ジャガイモ　山芋

【動物】……鹿　牛　虎　猪　山鳥　足の長い鳥類（鶴、鷺、ダチョウ、フラミンゴ）

【植物】……ツクシ　タケノコ　きのこ類　百合根

九紫火星

情熱の星

頭脳明晰で、優れた直感力と探求心がある人

★九紫火星とは……九紫火星を一言で表すと『火』の星

ロウソクの火のように闇を照らすものと、激しく燃え盛りながら形を変え移動する火もあるが、どちらもその場を明るく照らす役割を持ち合わせています。

★九紫火星の人の性格と運勢……非常に頭の回転が速く勉強熱心で、優れた先見性を兼ね備えているため、九星の中でも一番シャープな頭脳の持ち主です。さらに好奇心も旺盛で、興味のあることには寝食を忘れる程にのめり込みますが、熱しやすく冷めやすい傾向があります。感受性が鋭く、美的感覚にも優れているので、華やかなものや美しいものを好む傾向にあります。

エネルギッシュに活動し、明るく元気でバイタリティーのある星ですが、感情の起伏が激しいところがありますので、言動には注意が必要です。豊富な知識と多才なアイデアは、さまざまな場面で才能が認められ、名誉や地位を得ることがあるでしょう。

人の意見に素直に従うタイプではないので人間関係には気を付けましょう。プライドが

高く負けず嫌いなため、ライバルだと思った相手には年齢に関係なく、闘争心を抱きますが、逆に、信頼している相手には自分の弱いところを見せることもあります。

ひと際目立つ存在感で交際範囲も拡がりますが、火の勢いと同じく、中年期に最盛期を迎え次第に衰えて行きますので、それまでに人生の基盤作りが大切になるでしょう。

★九紫火星の仕事運……知性があり、頭の回転が速く、アイデアも豊富なため、企画や開発など独創的な発想を求められる場で、個性が発揮できるでしょう。

職業は、学者、医者、教師、会計士、美容師、作家、画家などが適職でしょう。

★九紫火星の健康運……目や頭を使い過ぎる上、感情的になりやすく、精神的な疲労に要注意です（心臓病、頭痛、熱中症、不眠症、精神疲労、ノイローゼ、眼病など）。

★九紫火星の恋愛と結婚運……激しく情熱的な恋愛を好み、意中の相手に気持ちを上手く伝えることが得意です。熱しやすく冷めやすいので、慎重に行動することが大切でしょう。

男性の場合は、プライドが高いため、理想にこだわり過ぎる傾向があるでしょう。

女性の場合は、フィーリング重視にこだわらず、冷静に相手を見極めましょう。

男性は、恋愛経験を積み重ねた後に、落ち着いて相手を選ぶことができるでしょう。

女性は、家庭に縛られるのを嫌います。男女共、晩婚が良縁につながるでしょう。

★九紫火星の象意

《後天定位》南30度　《先天定位》東30度　《十二支》午　《五行》火

《季節》夏　6月　《時間》午前11時〜午後1時（午の刻）

《色》赤・紫　《味》苦味　《形》光ったもの・輝いたもの・華やかなもの

《数》2・7　《十干》丙《ひのえ》・丁《ひのと》　《易象》離《り》 ☲

【象意（総説）】……最高　神　仏　政治　名誉　保証　権利　知識　学問　洞察　鑑識　運命鑑定　火災　熱　乾燥　火葬　華美　装飾　奉祝　光　結婚式　披露宴　発明　中年女　破壊　離別　戦争

【天象】……太陽　晴天　酷暑　真夏

【場象（場所）】……諸官庁　学校　裁判所　警察署　消防署　検査場　信号　灯台　試験場　議事堂　百貨店　美容院　化粧品店　装身具店　華美繁盛の地　劇場　映画館　図書館　博物館　賭博場

【事象（品物）】……証券　債券　手形　証書　商品券　地図　設計図　願書　契約書　許可書　教科書　学校用品類　名刺　表札　免状　経文　木像　金像　石像　神仏具　灯明　照明器具　化粧品

【人象（人物）】……君主　学者　智者　医者　鑑定者　名誉職　参謀　顧問　理事長　理事　警察官　測量技師　試験官　会計係　看守人　新聞記者　美容師　理髪師　俳優　芸術家　書家　美人　選手

【職象（職業）】……証券業　保険業全般　ガス業　裁判官　警察官　学者　医師　顧問　理事　会計士
宮司　易者　眼科医　測量技師　検査員　興業関係　新聞記者　俳優業　芸能人　美容師　理髪師
化粧品業　装身具小物業　装飾業　宝石商　本屋　作家　画家　ファッションモデル
【身体象（生理）】……心臓（循環器系の病気）　血圧　眼　視力　頭脳（頭の働き・知的活動）
【病気】……心臓病　頭痛　脳溢血　脳梗塞　大熱　熱中症　ヤケド　不眠症　ノイローゼ　眼病
自閉症　アルツハイマー　うつ病　躁うつ病
【飲食物象（食物）】……苦い物　漢方薬　馬肉　麦酒　発泡酒　スッポン　二枚貝類　干物　海苔
色彩の美しい食べ物
【動物】……孔雀　七面鳥　キジ　カナリヤ　インコ　金魚　熱帯魚　カニ　エビ　二枚貝類
【植物】……紫陽花　孔雀草　百日紅《さるすべり》　向日葵《ひまわり》　牡丹《ぼたん》

第6章

吉方取りの実践で幸運を呼び込む

毎日コツコツ続ける日々の『吉方』

今すぐにでも人生を変えたい！　と思っていても、「しばらく引越しの予定はない」「持ち家だから引越しは難しい」「家族の都合がある」など、さまざまな事情があって簡単に「吉方引越し」ができないのは当然のことです。

たとえ引越しが可能になったとしても、自分ひとりなら自身の『吉方』だけを考えればいいので、気軽に吉方引越しが可能ですが、当然、家族が1人増える毎に吉方引越しの難易度は高まります。それは家族それぞれの生年月日が異なれば、「本命星」も異なるので、『吉方』も変わってくるためです。もしかしたら、家族全員が行ける『吉方』はない可能性も十分考えられます。

このように家族の人数によっても、それぞれの「本命星」によっても、吉方引越しをするということは、かなり難しいのです。そこで、「氣学」を習い始めると、今すぐ引越しはできないけれど毎日変わる日々の吉方取り（日盤吉方）ならできそうだからやってみたいという声が多いのです。

「日々の吉方取り（日盤吉方）セミナー」を開催するようになったのも、そんなオファーをいただいたのがきっかけで始まりました。

気軽に楽しめる上、運氣まで良くなると聞けば、誰でも試してみたくなるのが人情です。実際、私もそんな気持ちから始めました。

会社へお勤めの方なら、いつもより少し早起きして、出勤前に『吉方』のカフェでお茶を飲んでから職場へ向うとか、コンビニでお茶や水を購入し、その場でいただくとか、主婦の方なら散歩がてらスーパーに買い物へ出かける際や、友人と行くランチのお店を選ぶ時などに『吉方』へ行くことができます。ただ、お茶やランチするだけでは物足りないという方も、『吉方』で運氣を上げるという嬉しい目的のために、それぞれの楽しみ方を見つけていただければいいのです。

昨年末に中国で発生した新型コロナウィルス感染症は瞬く間に世界中に蔓延しました。この日本でも、4月には全国に緊急事態宣言が発令される事態となり、想定外の展開になっています。

この状況の中でも私自身、不要不急の予定を除き、3密を防ぎつつ、日々の吉方取りを散歩がてら、スーパーへ行く際などに活用しています。なぜなら、吉方取りの効果を信じてやまないからです。

自宅からそう遠くない距離での散歩なら、よほどの街中でない限り、人とすれ違うことはあまりありません。そのお陰で、不安に囚《とら》われることなく生活できていることに感謝したいです。

ある日、「吉方取り（日盤吉方）のセミナー」を受講して下さった方からこんな質問を受けたことがあります。

「方位によっては、近くにコンビニやカフェがないところがある。お店を探すのも大変です」と。

やはり、運を見方につけるには、それなりの労力を惜しんではいけません。「吉」を掴むには、自分の足で取りに行かなければならないのです。近くになければ、遠くまで足を運ばなければならない時もあるでしょう。

自分自身で足を運ぶことに意義があり、そこに「吉」が待ってくれているから迎えに行くのです。そして、それを継続することで、次第に〝ポジティブ体質〟に変わっている自分に気付くようになるのです。

『吉方』と『最大吉方』の違い

大きさに拘らなくても『吉方』は〝吉方〟で十分効果はあります。

もっとより大きな効果を得たい方、目標が明確にある方、または自分の意識を変えたい方には『最大吉方』を取ることをおススメしています。さらに毎月、天から降り注いでいるパワーを受けたい場合には、『天道吉方』や『天道最大吉方』が取れることもあります。


日々の吉方取り（日盤吉方）は、まず、その日の『最大吉方』を確認することから1日をはじめてください（日々の吉方取りのはじめ方は第7章を参照）。

そして、『最大吉方』を見つけたら、次に、その月に巡っている「天道」の方位と重なっているかどうかを確認します。

もちろん、あなたの『吉方』がその月の「天道」と重なれば、とてもラッキーです。通常の『吉方』より効果が期待できるからです。その場合は、『天道吉方』と呼びます。また、『最大吉方』の場合は、『天道最大吉方』となり、「吉の効果」もさらに期待できるからです。

『天道最大吉方』の効果は、通常の『最大吉方』の12倍の効果があると言われていて、それが、毎月巡ってくるのは、〝ビックチャンス〟なのです。数少ないこの『天道最大吉方』の機会を生かして、できる限り取っていきましょう。普段の『最大吉方』より、はるかに「吉の効果」が明快で、「これは、もしかして天道吉方かも」と体感しやすいからです。

『吉方』の効果は、「距離」×「時間」に比例

するので、遠方で長く滞在できる際には、ゆっくりと『吉方』で過ごしてください。

日々の吉方取り（日盤吉方）の効果は1日限りですが、もう少し長く滞在したいという方には、1泊旅行でゆっくり過ごす方法もあります。1泊旅行なら頑張って距離を延して、遠方にも行けるし、マンネリ化する日々の吉方取りを、環境が変わることで気持ちもリフレッシュできます。

1泊旅行で特におススメなのが「天道方位の最大吉方旅行」です。

『吉方』への旅行なので、当然、滞在中はトラブルも少なく、楽しめることは間違いありません。なおかつ、天からのパワーが12倍も降り注いでいる中での旅行は、いつもの旅行とは異なり、間違いなく幸運で格別な体験ができるはずです。

ただし、「吉方旅行」で注意してほしい点がひとつあります。

『吉方』は当然、人によってそれぞれ異なります。そのため、なるべくならひとりで出掛けることをおススメします。パートナーやお友達と一緒に行きたい気持ちはわかりますが、『吉方』が異なる相手だと方位が決まらないことが多く、トラブルを招きかねません。人数が多くなれば多くなるほど難易度が増すため、「吉方旅行」に限っては慎重に進めてもらいたいのです。

日々の吉方取りや1泊旅行でもおわかりのように、複数の方が移動する場合、『吉方』が重ならないのは当然であるとなると、『吉方』への引越しがすんなりできるというのは、それだけで〝運が強い〟ということになります。なぜなら、あなたが『吉方』の方角に呼ばれていないと、その場所に導かれないからです。

ですから、最初は吉の大きさに拘らずに日々の吉方取りを楽しむことから、ぜひはじめてほしいと思います。

『最大吉方』とは幸運へのチケット

人は、欲しいものが手の届きそうなところにあって、少し努力すればそれを入手できる状況なら、とにかく頑張って手に入れるための努力は惜しまないでしょう。

『最大吉方』は、簡単に言うとそんな感じであると思います。

星の特徴である「本命星」や「月命星」は、自分自身に本来備わっているものです。でも、隣り合う星で「相星」でもある『最大吉方』は、自分自身が持っていない性質といえます。

「相星」とは、相性が良い星のことですが、自分自身が持っていない資質、性質があり、それが必要な場合は取りに行って自分のものにできるのです。それが、吉方取りであり、より大きな『吉方』のことを『最大吉方』というのです。


例えば、「本命星」が六白金星、「月命星」が八白土星の方の『最大吉方』は、二黒土星と七赤金星です。

二黒土星の『最大吉方』を取れば、真面目にコツコツと努力する働き者となります。また、人を育てることに目覚め、熱心な教育者となり、年下や部下に対して世話を焼きます。また、七赤金星の『最大吉方』を取れば、人との交流が盛んになって、人生が楽しくなります。さらに、思わぬ現金収入が増えることで、衣食住に不自由しなくなります。

つまり、六白金星にもともと備わっている活動的で責任感のある性質に、二黒土星の性質が加わるとバランスの取れた性格により近づき、魅力がさらに〝パワーアップ〟するということになるのです（各星の特徴は、第5章を参照）。

それでは、六白金星と七赤金星の「金星」同士ではどうでしょうか。

「金星」同士の2つの星で、お互い「金」に縁のある同じ「金星」同士でも、お金に対する価値観は大きく異なります。

六白金星は、お金にあまり執着せず、計画的な自己投資を考え、世の中や人のためにお金を惜しみなく使うことに躊躇《ちゅうちょ》しませんが、自分のためとなると、ためらってしまうところがあります。反対に、七赤金星は、生まれつきお金に縁がある星で、交際費を惜しむことなく楽しく自己投資しようと考え、自分のためにお金を使うことをためらいません。

このように、同じ「金星」同士であっても、お金の価値観にこんなにも違いがあるのです。

ですから、六白金星が、ときに人生を楽しく過ごすためのお金が手に入り、躊躇することなく使いたいとなると、七赤金星の星の特徴を手に入れる必要があるでしょう。

それが、『最大吉方』を取りに行くことでかなうのです。

生まれた年から割り出す「本命星」は、自分自身であり、その特徴を最大限に生かしていくことが宇宙から与えられた使命なら、その使命をもっと活用するために、〝オプション〟を取り揃えていくことが『最大吉方』ということになります。

オプションが多ければ多いほど、自分がさらに輝き、人生をより楽しく生きることが可能になるのなら、オプションを取りに行きたいと思いませんか？　『最大吉方』は、あなたが最短で幸せになるための〝チケット〟を手に入れることなのです。

日々の吉方取りでエネルギーをチャージ

自宅から750m以内は、〝コンフォートゾーン〟といって、自分にとって居心地の良い空間であると言われています。

例えば、外出の際に職場から自宅近くの駅に到着した時や友人とランチを終え自宅に帰る途中など、自宅がすぐそこにある距離、750メートル以内になると人は安心するのだそうです。

確かに、まだ家には帰っていないにも関わらず、見慣れた風景が目に入ると、なんとなくホッとするのではないでしょうか。自宅から750メートル以内というのは安心空間であり、いわゆるコンフォートゾーンというのは納得です。

日々の吉方取り(日盤吉方)は、750メートル以上離れた場所を設定してください(日々の吉方取りのはじめ方は第7章を参照)。

こういうと、「なら760メートルならいいの?」とか、「吉方と凶方の境界線にあたるギリギリのラインでも、吉方ならいいの?」という質問をする人がいます。

それには、「あなたがどんな吉方の効果が欲しいのかで変わってきます」と、お答えするようにしています。

吉方取りの決まり事(ルール)を知って、人はどういう行動をするのかというと、実にさまざまです。そういう場合に、その人の思考が反映してくるから面白いものです。

「距離」×「時間」で方位の効果が異なる吉方取りを、境界線ギリギリのラインで満足しているのなら、その人の描いている人生が、それだけのものといっても仕方がないことでしょう。そのため、行動ひとつで『吉方』の効果も変わってくるのです。

なるべく1キロ以上離れた場所で、『吉方』のど真ん中を狙って過ごしたいものだと、私なら考えます。1キロとなると、大人が歩いて10分~12分ほどの距離です。そして、吉

方先にたどり着いたら、その場所の『氣』を取り込むため、

「火（熱）」×「水」

を通したモノをいただいてください。

コンビニで購入した温かい「お茶」や「珈琲」でもいいし、冷蔵庫に入っている「水」でもいい。熱を通してあることが大切なのです。

お茶を飲みながら、吉方先の『氣』をチャージしたいので少なくとも30分は滞在したいですね。

自宅から吉方先までは、徒歩で往復約20分〜25分くらいはかかります。30分滞在するとなると、ざっと計算しても最低1時間は必要です。会社員や家庭の主婦が、出勤前や家事の合間に1時間もの時間を取るのは、ちょっと覚悟がいるでしょう。朝起きてから、ふと気がつくともう夕方で、あっという間に1日が終わっているなんてことはよくある話です。

日々の『吉方』は毎日変わります。その日の〝吉のパワー〟をチャージすることで、1日の過ごし方がいつもと明らかに違うと感じるはずです。

自分の星は、「本命星」と「月命星」と決まっています。そのため、自分に足りないモノを『吉方』で補うことができるのは有難いことです。

その日の『吉方』で二黒土星の方位があったとすると、コツコツと地道に仕事や家事に励むことができるようになります。今日は、集中して仕事や家事に取り組みたいなといった場合や、職場で後輩に指導する立場の人や家族に優しく接したい母親には、ぜひ取ってもらいたい『吉方』のひとつです。

その日1日限りの吉方取り（日盤吉方）は、人生を大きく変える「吉方引越し」のようなパワーはありませんが、継続することでいずれ「吉方への引越し」のチャンスも巡ってくると言われているのは、だんだん〝吉方体質〟になるからなのです。

吉方取りは朝日が昇りはじめる午前中がベスト

朝、目覚めて寝床から起き上がり「今日をどんな1日にしよう」「今日をどんな風に過ごそう」と考えながら、人はそれぞれの1日を思い描くことでしょう。

営業マンだったら、「今日の商談が上手く運びますように」とか、会社勤めのOLだったら、「職場で楽しく過ごせますように」とか、主婦だったら「家族と気持ちよく過ごせますように」とか思うはずです。

日々の吉方取り（日盤吉方）は、吉方取りをしたその日に「吉の効果」が得られるので、できるだけ早く起きて吉方取りを済ませ、吉運のなかで1日を過ごしたいものです。

たまにセミナーで質問されるのが、「いつ、吉方取りをするのがいいですか」「夜でもいいですか」などです。日々の吉方取りの効果は、その日1日限りであるため、夕方に吉方取りをすると、当然、「吉の効果」は午前中に吉方取りをした方と比べると短くなります。

自分がどんな「吉の効果」を望んでいるのか、それは、その日の吉方取りの心構えからも推測できてしまいます。

私たちは、晴れた日に朝日を浴びると気持ちがいいと感じますね。反対に夕日はどうでしょう。夕日は美しいとは感じますが、朝日に比べるとパワーはあまり感じられないのではないでしょうか。人間も同じで、生まれたての赤ん坊はパワーがみなぎっていますが、年齢を重ねるにつれてパワーは衰えてきます。

日々の吉方取り（日盤吉方）も、朝日が昇りはじめてから、お昼までが特にパワーが強いと言われているのです。ですから、朝早く『吉方』でパワーをチャージしてから、その日1日を過ごしてみると、『吉方』へ行った日と行かなかった日と、明らかにその違いがわかるようになります。何より、その日1日が穏やかに過ごせるようになるでしょう。

現在は、新型コロナウィルス感染症などの影響もあり、この先何が起こるかわからない先行き不透明な世の中になりつつあります。私たちは、目に見えない何かに怯《おび》えて暮しているのです。目に見えない何かとは、もしかしたら新型コロナウィルス感染症だけじゃないかもしれません。

日々の吉方取りひとつで、自分の〝心構え〟や〝意識〟が変わり、気持ちに〝ゆとり〟が持てるようになり、目に見えない何かに怯える必要もなくなるはずです。

この先の未来に不安を抱きながら過ごすのか、『吉方』のパワーをもらって過ごすのか、それはあなた自身が決めることであり、あなたの運命でもあります。

自分の道は自ら切り拓いていかなければならない時代になりつつある今、『天』から授かった「吉」のエネルギーをチャージして、未来に向かって明るく笑顔で歩んでいけるどうか、この選択は自由です。

『天』は、誰にでもチャンスを与えてくれています。それを掴むのは、ひとえに〝自分次第〟なのです。

吉方取りには温かい飲食物

日々の吉方位取り（日盤吉方）には、『火（熱）』×『水』がとても重要な要素です。

自宅から750メートル以上離れた『吉方』の場所へ行き、できれば30分ほど滞在して、その場所の『氣』を取り込むために飲食を楽しんでください。

ゆっくりする時間が取れない場合は、コンビニで冷たいドリンクを購入して、10分ほど滞在するだけでもいいのです。

『火（熱）』と『水』が重要な要素である吉方取りは、『火（熱）』のエネルギーを加えられているかが大切であるため、電気で冷やされているドリンクはOKなのです。

最近はコンビニの数も増え、自販機もどこかに設置されているので、街中で吉方取りをする場合、ドリンクの購入で困ったことはないでしょう。本当に便利な世の中です。

郊外に住んでいる方から、よくこんな質問を受けることがあります。

近くにコンビニがないとか、この方位は山を越えなくてはいけないとか。実際、私も九州の黒川温泉に滞在している間は、吉方取りを行うことが難しかったのは確かです。

黒川温泉は、阿蘇のほど近くにあり、山に囲まれていた環境にあったため、車移動が主な交通手段です。750メートル以上離れた場所で、吉方取りをしようと思うと、それこそ山越えをしなければなりません。

この時、いかに街が便利であるか、郊外で暮らしている人の気持ちがよく理解できました。10分も歩けばコンビニが身近にある現代、自販機に至っては、徒歩圏内に一体何台設置されているのでしょう。数えられないほど多く、すぐ手の届くところにあります。

それだけ街は、日々の吉方取り（日盤吉方）に適している環境にあるということです。

自分がどこで暮らしているのかで、『吉方』へ行きやすい環境にあるのか、『吉方』へ行ける状況かどうか、『吉方』へ行きやすいとか、どうしても行けない方角があるとか、その人の運勢や運命などの影響が大きく関係していることを、方位が教えてくれています。

この『吉方』には近くにコンビニやカフェがないので、さらに距離が必要とか、この『吉方』の方角は、「凶方」になるので取りたくても行けないとか、得てして問題が発生するものです。

それを解消してくれるのが、「吉方引越し」なのです。今、『吉方』への引越しが難しい方も、日々の吉方取りをコツコツ続けることで、『吉方』への引越しのチャンスが巡ってきますから、簡単にあきらめないでほしいのです。

日々の吉方取りは、自分に「夢」や「希望」をもたらしてくれるのはもちろんのこと、この継続する〝ちから〟は、自分に対しても自信が持てるようになってきます。エネルギーをチャージすることの大切さを、日々の吉方取りから学んでください。

「吉方」は遠出がおススメ

毎日、仕事で忙しい会社員やOL、家族のお世話で大変な主婦など、休日ならともかく、日々の吉方取り（日盤吉方）を出勤前や家事の合間に行うのは、時間との闘いです。

吉方取りをするようになると、思考や行動に変化が現れてくるようになるので、時間の使い方が上手くなったり、仕事がスムーズに運ぶようになったり、コミュニケーションも円滑になったりと、目に見えて生活に良い変化が生まれてきます。

それを毎日継続することで、体質も変わってくるので、体調も良くなり、気持ちも前向きになってきます。ですから、効果を実感している人は、どんなに忙しくても、時間を調整して、日々の吉方取りに行く時間をやり繰りしています。

さすがに毎日となると、日々の吉方取りも、吉方先に30分滞在するのが精一杯になりますが、その効果で日常生活が充実している人ほど嬉々として実践しています。

最近では、新型コロナウィルス感染症の影響も考慮して、『吉方』のコンビニでドリンクを購入し、3密を防ぐためにコンビニの外で10分程度、ドリンクを飲みながら『氣』を取り込むことに留めている私ですが、それだけでも、1日の過ごし方が変わってきます。

散歩や買い物を兼ねた日々の吉方取りをするだけで、1日をポジティブに過ごせるようになるから不思議です。

吉方取りは「距離」×「時間」に比例するため、気兼ねなく自由に旅行に行けるようになった際には、ぜひ遠方への旅行を計画されることをおススメします。

もちろん、日帰りでいつもより距離を延して旅行気分を味わうのもいいでしょうし、1泊以上の旅行に出掛けるのも、日々の吉方取りでマンネリ化する行動パターンの変化を楽しむためにも、大きく環境を変えるのは気分がリフレッシュされるので大賛成です。

日々の吉方取りを続けていると、この方位はこのコンビニ、この方位はカフェや自販機など、ついつい行動パターンがマンネリ化しやすくなります。

数泊の旅行なら、その日の盤面（日々の吉方取りと同じ要領）から、旅行に出発する『吉方』を確認することができます。

国内でしたら問題ありませんが、海外など距離がある遠方や長期間滞在する旅行などは、日盤だけでなく、月盤や年盤を考慮する必要もあります。その際は、間違いのないよう私にご相談されるか、信頼できる人に教えてもらうことです。

日々の吉方取り（日盤吉方）をもっと時間をかけて楽しみたい方には、ぜひ気軽に楽しめる1泊旅行をおススメします。

旅行が楽しいのはもちろん、滞在中はスムーズに物事が運び、トラブルも少なく、さらに『吉方』へ行くことで、新しい発見や喜びを感じられる旅となるはずです。今までの旅行が、『吉方』へ行くことで、より格別な旅となることに間違いありません。

吉方取りが習慣になる

「日々の吉方取りに効果はあるのか」と疑問に思うのは当然です。そこにある、あなたにとって必要な『氣』を肉眼では見ることはできないからです。

それでも、幸せになりたいと思う気持ちがあるのならば、まずは、３カ月続けてみてほしいのです。

日々の吉方取り（日盤吉方）を3カ月チャレンジするとこんな感じになるでしょう！

1カ月後……まだ効果がよくわからず、自分の吉方を正確に確認するだけでも時間を要し、コンビニや自販機、飲食店を探すところで手間取るでしょう。

2カ月後……時々、自分の吉方を間違えることもあるが、確認することに慣れてきた頃で、吉方先でドリンクなどをスムーズに購入できるようになってくるでしょう。

3カ月後……ほぼ正確に自分の吉方を確認することが可能になり、吉方先でドリンクの購入も慣れ、吉方先での滞在を楽しめるようになってくるでしょう。

目には見えない『氣』は、自分の『吉方』へ行けば、必ずそこに〝吉の氣〟が存在し、それにより少しずつ、「自分が変化」しはじめるのです。その「自分の変化」に気付くようになる頃には、〝吉の氣〟の効果が現れてきている証拠です。半信半疑だった日々の吉方取りを確信できるようになる出来事が起こります。

そして、自分が変わることにより、家族との関係だけでなく職場での人間関係や、仕事や家事の効率アップにも繋がり、何より毎日が楽しく過ごせるようになるのです。

誰もが完璧な状態でこの世に『生』を受けて生まれてきているわけではありません。生きていく過程の中で、家族や多くの人たちと切磋琢磨《せっさたくま》しながら、人生を歩んできているはずなのです。当然、上手く行かない時もあるし、努力が実らず苦しい思いをした事もあるはずです。

手の届くところに『氣』があって、それを掴むことで人生が良くなるのなら、素直に手を伸ばしますよね。もちろん、『氣』は目には見えません。目に見えないから、当然、無視するでしょう。このわかりづらい、実感しづらい『氣』を自分の味方につけた時に感じるこの〝喜び〟と〝運の強さ〟を実感してもらいたいのです。

先人たちが教えてくれた、唯一無二《ゆいいつむに》の開運法である『九星氣学風水』の「方位術」を実践すれば、あなたの運気が良くなっていくことを、あなたも必ず実感できるようになります。日々の吉方取りは、その日限りの吉の効果しか得られないと言われますが、毎日続けることで、常に『吉』を意識するようになれます。

「吉」を意識するようになると、「体質」や「考え方」に変化が現れ、体調や気分もすぐれて、思考もクリアになってきます。また、それだけでなく、「吉の方位」へ行くことで、自分に足りないモノを補い、その効果を得ることができるようになるに連れて、「苦手だったこと」が克服できるようになり、「手が届かなかったこと」や「変わりたい自分」に近づくことができるようにもなるのです。

そして、日々の吉方取りを続けることで、人生を変えるほどの効果のある「吉方への引越し」への〝チャンス〟が巡ってくるというわけです。

まずは、3カ月続けてみてください。自分の変化と合わせて、自分を見る周りの変化にきっと気付くようになるはずですから。

吉方取りは目標達成への近道

何も考えずに日々の『吉方』へ行くことよりも、自分が「どう変わりたいか」、「何がほしいか」など、目標が明確になっていると、はっきりとわかりやすく、効果が実感できるはずです。

九星の一白水星から九紫火星までの星は、それぞれ特徴も異なり、象意もさまざまことは前述しました（第5章を参照）。

自分が持っている星は、「本命星」と「月命星」です。それ以外の星は、当然持っていないのですが、自分の『吉方』がある場合は、それを掴みに行くことができるチャンスが与えられています。

人によって『吉方』の数が多い人、少ない人がいます。それは「本命星」と「月命星」の組み合わせにより決まってくるからです。『吉方』の数が少ない人より多い人の方が、自分を〝魅力的に輝かせてくれる〟チャンスが多く与えられているといえます（最大吉方と吉方の数については、第8章を参照）。

チャンスの数は、生まれた時の「生年月日」から決められているので、「宿命」は変えられませんが、「運命」は変えるチャンスが与えられているのです。それが、何度も主張している「吉方への引越し」です。

『天』は、人をこの世に完璧な姿で誕生させてはいません。生きていく過程の中で、切磋琢磨を繰り返しながら、人は磨かれ、丸くなり、成長していく――その成長を早めてくれるのが「吉方取り」であるのです。

よく人は、「これまでの努力が実りました」といいますが、コツコツ努力をする方向性を少し変えるだけで、〝最短で幸せになるチャンス〟を掴むのが「吉方取り」なのです。

人は、「生」を受けてから、「死」を迎えるまで、長い人生のようで短いものです。ましてや、未知なるウィルスに限らず、災害や災難、病気に至るまで、生きていく過程の中でどんな苦境や逆境を強いられることになるのか、到底予測できません。

「生」を受けた身体を強靭で健康な肉体に、また、与えられた「人生」をより強固な運勢にして、最短で成功への道程が歩めるのなら、チャンスを早く掴みたいはずです。

実際のところ、先人たちが残してくれた唯一無二の開運法を実践するかどうかによって開運する時期も大きく変わってきますし、今後の人生が自信を持って歩めるかどうかも問われてくるのです。

身軽な独身なら、「吉方への引越し」も気軽に実行できますが、結婚をすれば家族も増えます。家族が「吉方への引越し」に理解がなければ、引越しもままなりません。まして や歳を重ねれば当然、若い頃のように身体の自由も効かなくなるし、腰も重たくなるはずです。となると、『人生を最短距離で成功させる近道』は、ぜひとも若い頃に率先して、実践、実行しておきたいものです。

もちろん、年齢を重ねてからでもチャンスはありますが、早いに越したことはありません。自分が「どんな人生を歩みたいのか」「どんな人生を描いているのか」、明確な目標を立てることで、どんな「吉方への引越し」が必要になるのかがわかってきます。

人生には、「努力」と「忍耐」が、生きて行くためには必要です。

その矛先《ほこさき》を、『吉方』の〃ちから〃を借りて、楽しみながら人生を謳歌できるならば、チャンスはできるだけ早く掴み取りたいはずです！

人生を最短で成功させるために必要な〃智慧〃と〃チャンス〃を掴むのはあなた次第なのです。

第7章 あなたの最大吉方の見つけ方

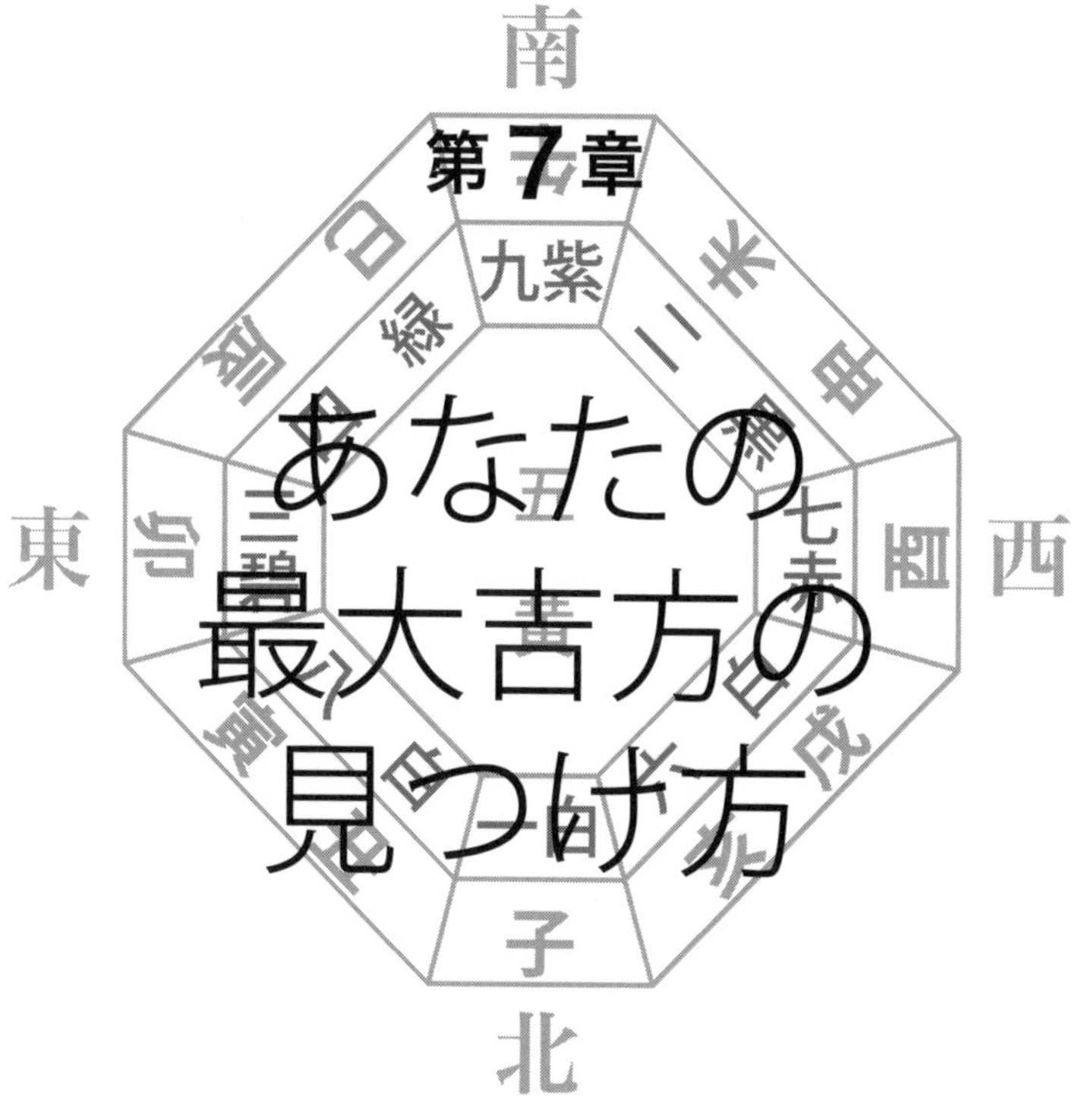

宇宙からの誕生エネルギー「月命星」を知る

宇宙エネルギーを受けて誕生した年の本命星からは、「性質」や「性格」、さらに「運勢」などを知ることができました。

では、自分の本命星がわかったら、今度は「月命星」を見つけましょう。

『命』の源《みなもと》は「月命星」から成り立っています。

母親の胎内に宿ってから、十カ月の間『命』を育《はぐく》み、その後、『生命』は誕生する仕組みになっています。ですから、『命』の源流は「月命星」から流れているのです。

自分が誕生した月のエネルギーを大きく影響を受けているのが「月命星」になりますので、「月命星」からわかるのは、誕生してからおおよそ9、10歳頃までの「体質」や「性格」です。その後、徐々に「本命星」の『氣』が立ち上がり、人格形成されていきます。

「月命星」から「本命星」への立ち上り時期には個人差があるため、年齢は目安にしてください。

ほとんどの方は、「本命星」と「月命星」が異なる星の場合が多いのですが、まれに「本命星」と「月命星」が同じ方がいます。

その場合、誕生した月のエネルギーと誕生した年のエネルギーが同じ星になるため、「月命星」の人格がそのまま「本命星」に移行され、さらに大人の人格に成長していきます。「本命星」と「月命星」が異なる場合は、思春期と重なるため、星の組み合わせによっては、人格形成に時間を要することもあります（各星の本質は第5章を参照）。

例えば、この方のように「月命星」と「本命星」の「性質」や「性格」が全く異なる場合は、このような変化が思春期に現れます。

「月命星」が三碧木星
「本命星」が二黒土星

「月命星」である三碧木星のエネルギーの影響が強い幼少の頃は、好奇心は旺盛な上、活発で落ち着きがない性格になります。そこから、徐々に「本命星」である二黒土星のエネルギーの影響を受けて、次第に地味でマイペースになり、温厚な性格の大人に成長していきます。

立ち上がり時期がちょうど思春期を迎える時期でもあり、本人にも不安と動揺が生じます。もちろん、子育てをする親からしても、落ち着きがない騒がしい子が、急に無口で引きこもりなったと心配になることでしょう。

「本命星」と「月命星」との組み合わせによっては、誕生してからの幼少期と大人になってからの性格がガラリと変わるのはそのためです。

幼少の頃、無口で大人しい子供だったために親が心配して、活発で明るい性格にさせたいと「劇団」や「ダンススクール」に入会させたなどの話は世間でよく聞きます。

その結果、思春期から大人になるに連れて「本命星」である『氣』が立ち上がってくると、「星」によっては、親の期待通りに明朗で活動的な大人へと成長し、芸能界やタレントなどで活躍する方も珍しくはありません。

また、「月命星」は誕生してからの「性格」だけでなく「体質」もわかるので、「弱い臓器」や「病気」になりやすい傾向を知ることもできます。

第5章に「各星の象意」を掲載していますので、自分に当てはまる「月命星」をご覧いただくと、自分が幼少の頃、「扁桃腺が弱かった」とか、「アトピーで悩まされていた」ということが理解できるでしょう。

ちなみに、私の「月命星」は八白土星です。そのため幼少の頃、虚弱体質で体力に自信がなく、蓄膿症にも悩まされていました。なぜなら八白土星の象意から「病気」を確認すると、虚弱体質や蓄膿症が当てはまっていることがわかります。

このことからもわかるように、「各星の象意」は『天』からの〝メッセージ〟であり、それを読み取ることで「自分が今、置かれている状況」や「病気になりやすい傾向」などがわかるのです。それを上手に受け取って「不安」や「悩み」の解消に繋げていくことで、人生をスムーズに前進させることができるのです。

自分の「月命星」を見つける

誕生した年の「本命星」と誕生した日が重なる星が、「月命星」になります。
ただし、誕生した日が月の替わり目にあたる方は、『万年暦』などで生まれた時間もチェックして、生まれ日を確認してください。

「本命星」と「月命星」から『最大吉方』がわかる

自分が誕生した年の「本命星」と、誕生した年と月からわかる「月命星」から、『最大吉方』を割り出すことができます。

「最大吉方と吉方の早見表」で簡単に調べることはできますが、ここではどんな方法で吉方を割り出しているのかを実際に行ってみます。

172頁に記載の「最大吉方、吉方早見表」も参考にしてください。

月命星早見表			
生まれ月	あなたの本命星		
	一白水星 四緑木星 七赤金星	二黒土星 五黄土星 八白土星	三碧木星 六白金星 九紫火星
2/4〜3/5	八白	二黒	五黄
3/6〜4/4	七赤	一白	四緑
4/5〜5/5	六白	九紫	三碧
5/6〜6/5	五黄	八白	二黒
6/6〜7/6	四緑	七赤	一白
7/7〜8/7	三碧	六白	九紫
8/8〜9/7	二黒	五黄	八白
9/8〜10/8	一白	四緑	七赤
10/9〜11/7	九紫	三碧	六白
11/8〜12/6	八白	二黒	五黄
12/7〜1/5	七赤	一白	四緑
1/6〜2/3	六白	九紫	三碧

例1、「本命星」が八白土星で、「月命星」が七赤金星の方の場合

八白土星の相星	二黒土星・六白金星・九紫火星
七赤金星の相星	二黒土星・六白金星・一白水星

また、八白土星と七赤金星も相星になりますが、「本命星」と「月命星」の関係にあるため、相星にはなりません。

また、**五黄土星は相星になりますが、「吉方」にはなりません。**

「天」と「地」を結ぶ役割を担う五黄土星は、方位がなく中央を担当しており、中央から動くことにより、凶方が生じるため、**すべての人にとって「凶方」**になります。

相星とは、隣り合う星のことです。

「本命星」と「月命星」が重なる星が、『最大吉方』になり、「本命星」に残った星が『吉方』になります。ですから『最大吉方』は「二黒土星、六白金星」、『吉方』は「九紫火星」です。

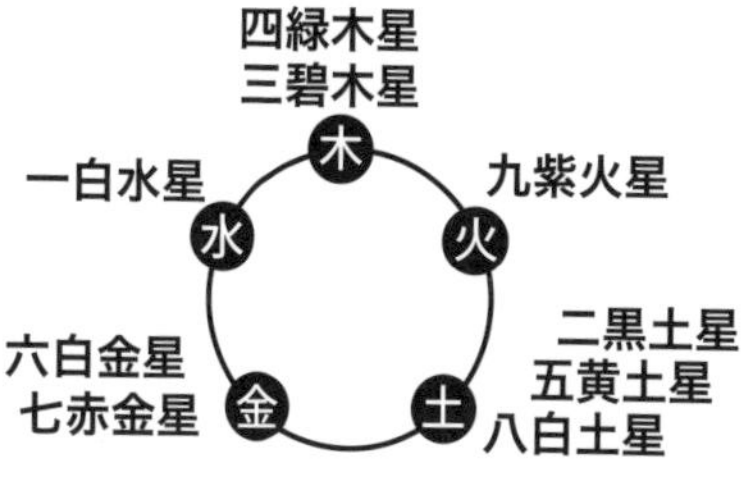

隣り合う星とは、
木ー火ー土ー金ー水ー木ー…
相生関係の星のこと

例2、「本命星」が三碧木星で、「月命星」が九紫火星の方の場合

三碧木星の相星	一白水星・四緑木星
九紫火星の相星	四緑木星・二黒土星・八白土星

「本命星」と「月命星」が重なる星が、『最大吉方』です。そして、本命星に残った星が『吉方』になりますので、『最大吉方』は「四緑木星」、『吉方』は、「一白水星」となります。

例1、2からおわかりのように、「本命星」と「月命星」の組み合わせにより、『最大吉方』と『吉方』の数が異なります。

例3、「本命星」が七赤金星で、「月命星」が七赤金星の方の場合

この方の場合は、「本命星」と「月命星」が同じ星であるため、『吉方』を割り出すために星を読み替えて『吉方』を割り出します（本命星と月命星が同じ方の場合の読み替えについては166頁を参照）。

「月命星」が七赤金星であるため、八白土星に読み替えます。

七赤金星の相星	一白水星・二黒土星・六白金星・八白土星
八白土星の相星	二黒土星・六白金星・九紫火星

この方の『最大吉方』は、「二黒土星、六白金星」、『吉方』は、「一白水星、八白土星」となります。

例3の月命星で使用した八白土星は、『吉方』を割り出すための星になるため、八白土星は、「本命星」から見ると『吉方』となります。

例4、「本命星」が五黄土星で、「月命星」が五黄土星である男性の方の場合

この方の場合も、「本命星」と「月命星」が同じ星であるため、『吉方』を割り出すために星を読み替えて『吉方』を割り出します（本命星と月命星が同じ方の読み替えは次頁を参照）。「月命星」が五黄土星で男性であるため、七赤金星に読み替えます。

五黄土星の相星	二黒土星・六白金星・七赤金星・八白土星・九紫火星
七赤金星の相星	一白水星・二黒土星・六白金星・八白土星

この方の『最大吉方』は、「二黒土星、六白金星、八白土星」、『吉方』は、「七赤金星、九紫火星」となります。

例4の場合も同様に、「月命星」で使用した七赤金星は、『吉方』を割り出すための星になるため、七赤金星は、「本命星」から見ると『吉方』となります。

読み替えが必要になる「本命星」と「月命星」が同じ星の方は、まとめると次のようになります。

【本命星と月命星が同じ方の場合の読み替え】

本命星も月命星も**一白水星の場合**　↓　**本命星一白水星、月命星九紫火星**
本命星も月命星も**二黒土星の場合**　↓　**本命星二黒土星　月命星六白金星**
本命星も月命星も**三碧木星の場合**　↓　**本命星三碧木星　月命星四緑木星**
本命星も月命星も**四緑木星の場合**　↓　**本命星四緑木星　月命星三碧木星**
本命星も月命星も**五黄土星の場合**　↓　**（男）本命星五黄土星　月命星七赤金星**
本命星も月命星も**五黄土星の場合**　↓　**（女）本命星五黄土星　月命星六白金星**
本命星も月命星も**六白金星の場合**　↓　**本命星六白金星　月命星二黒土星**
本命星も月命星も**七赤金星の場合**　↓　**本命星七赤金星　月命星八白土星**
本命星も月命星も**八白土星の場合**　↓　**本命星八白土星　月命星七赤金星**
本命星も月命星も**九紫火星の場合**　↓　**本命星九紫火星　月命星一白水星**

ただし、吉方を割り出すための読み替えになります。

日々の吉方取りのはじめ方

日々の吉方取り（日盤吉方）は、毎日の「日盤」から『最大吉方・吉方』を見つけます。

『展望手帳』（(株)シンクタンクマイインドズーム刊）で、毎日の盤（日盤）を確認することができます。

『展望手帳』のご購入、および一般社団法人社会運勢学会の各種セミナー案内の申し込みについては、170頁のQRコードからお入りください。

では、実際に**『展望手帳2021』を使用して、日盤カレンダーより抜粋した「四緑中宮・甲申の日」から、Aさんの『吉方』を探してみましょう。**

① 三大凶方の1つである『五黄殺（五黄土星）』を消します。

② 2つ目の凶方は、五黄殺の反対側を『暗剣殺』（この日の場合は三碧木星）といいますので、これも消します。

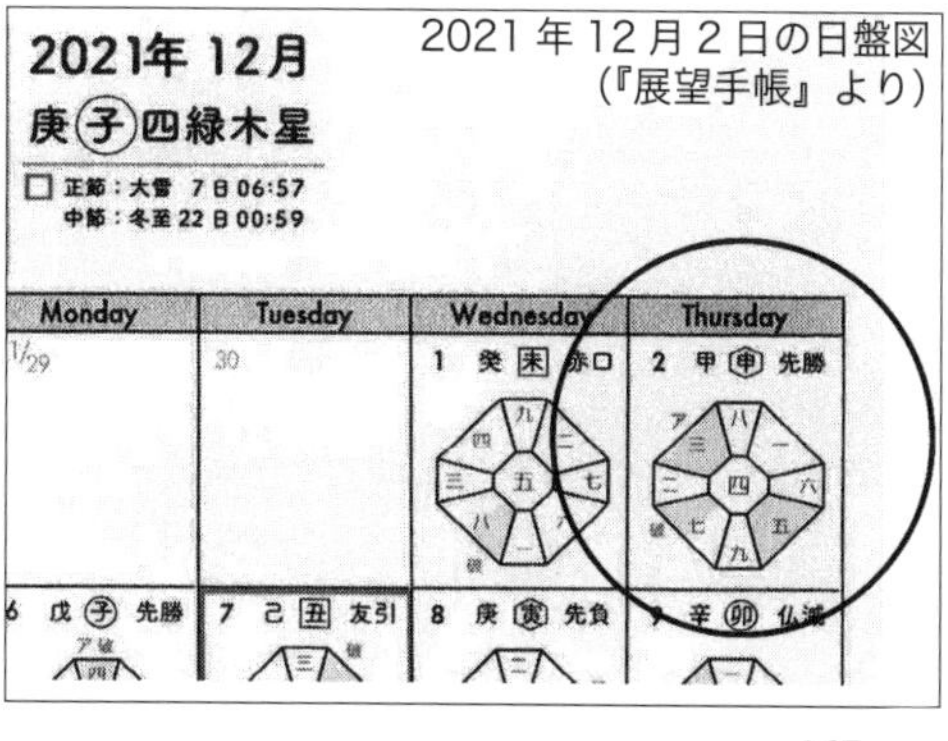

2021年12月2日の日盤図
（『展望手帳』より）

③３つ目の凶方である『破壊殺』は、申（西南西）の反対側にある寅（東北東）が破壊殺になります。
この日、寅（東北東）にある七赤金星を消します。
※半分は（丑）になりますので消しません。
ここまでは、誰もが共通する三大凶方です。

Aさんは「本命星」二黒土星「月命星」七赤金星で、『最大吉方』六白金星、八白土星『吉方』九紫火星です。
ここからは、個人の凶方となります。
④Aさんの「本命星」は、『本命殺』になり、その反対側は、『本命的殺』になります。
『本命殺』である二黒土星を消し、その反対側にある六白金星を消します。
⑤次に、Aさんの月命星は、『月命殺』になり、その反対側は『月命的殺』になります。
『月命的殺』である七赤金星を消し、その反対側にある一白水星を消します。
⑥七大凶方を全て消して、残った星から『最大吉方』と『吉方』を見つけます。
⑦Aさんの『最大吉方』である八白土星が「南」にあります。

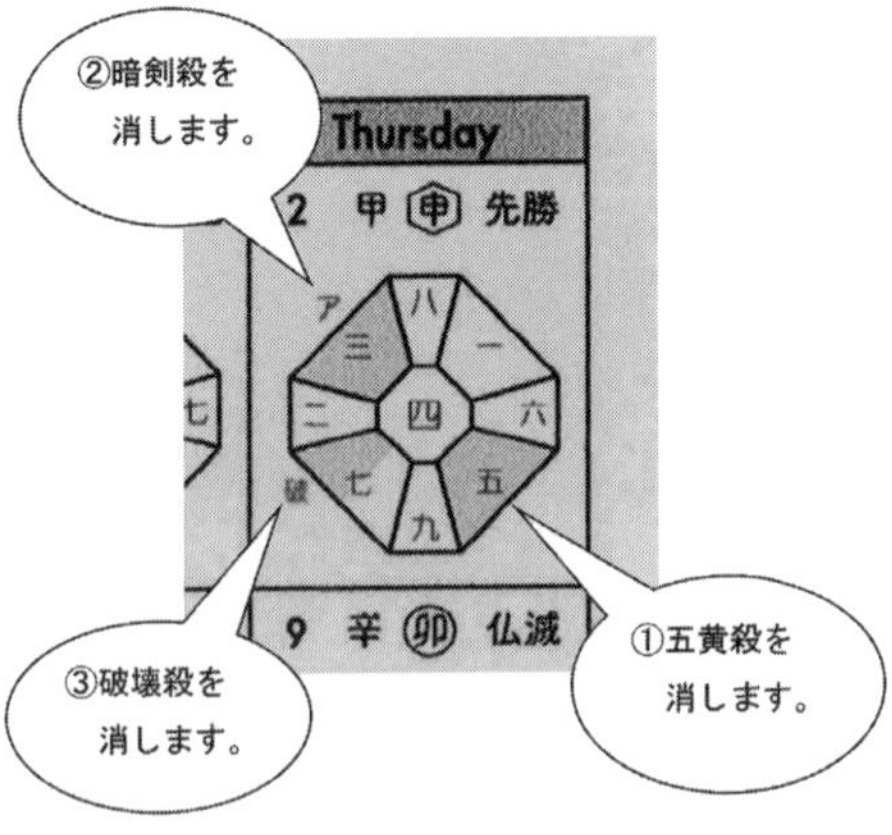

２０２１年12月2日の日盤図
（『展望手帳』より）

また、『吉方』である九紫火星が「北」にあります。

従って、この日Aさんは、『最大吉方』である八白土星と『吉方』である九紫火星が取れることがわかります。

⑧吉方位がわかったら、自宅から750メートル以上離れた「北」の方位にある、カフェやコンビニを探し、その場所で『火（熱）』×『水』を通したモノを体内に取り込み、

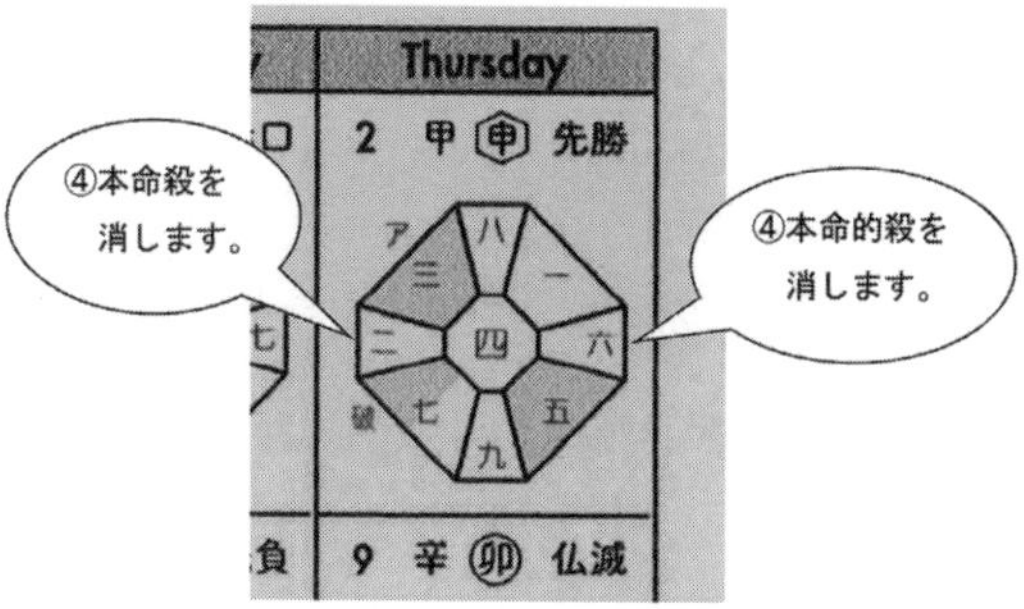

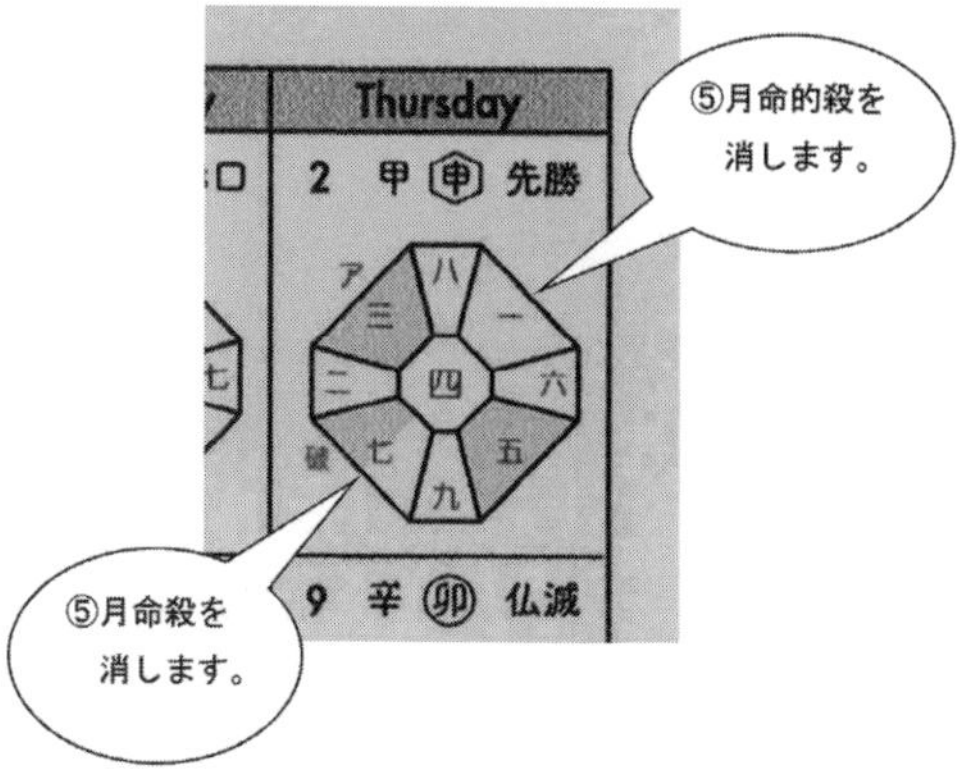

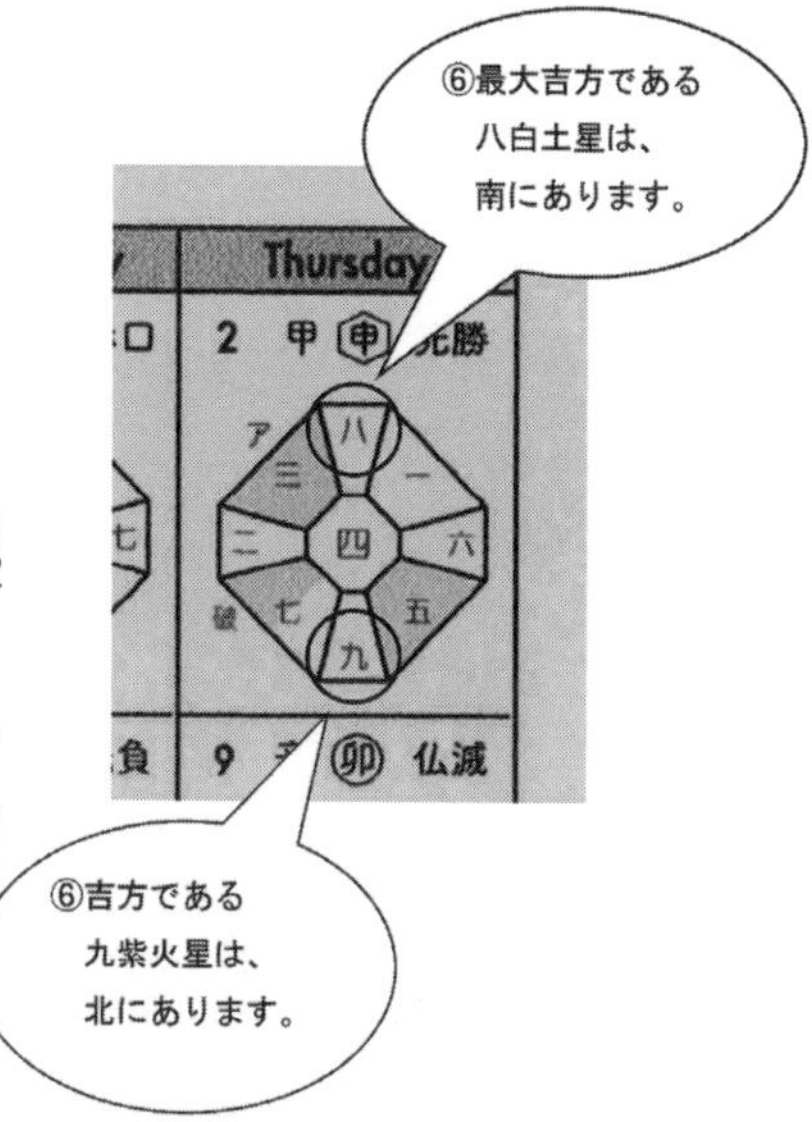

2021年12月2日の日盤図（『展望手帳』より）

30分くらいを目安に滞在してください。
これで、12月2日の日盤吉方は完了です。

⑨自宅からの最大吉方（吉方）先を地図で調べる場合は、自宅を中心として、北を地図の真北に合わせます（真北とは、地球の自転軸の北端を指す方位のこと）。

※磁石（磁北）で方位を調べる場合のみ、偏角が必要です。

最近では、簡単に方位を調べられる便利なサイトも多くありますが、流派の違いなどもあり、吉方取りに最適かどうかは一概にはいえません。
詳細につきましては、著者のセミナーでお伝えしています。

『展望手帳 2021』

一般社団法人
社会運動学会
セミナー案内

富安里佳
日盤吉方活用
セミナー案内

「最大吉方、吉方早見表」を活用する

では、「最大吉方、吉方早見表」（次頁）で、自分の『吉方』の星を見つけましょう。

自分の「本命星」と「月命星」の行を確認してください。


例えば、「本命星」が四緑木星の方で、「月命星」が九紫火星の方は、四緑木星の覧から九紫火星の行を探して、その行にある『最大吉方』と『吉方』を確認します。

『最大吉方』は「三碧木星」、『吉方』は「一白水星」になります。


また、「本命星」が二黒土星の方で、「月命星」が六白金星の方は、二黒土星の覧から六白金星の行を探して、その行にある『最大吉方』と『吉方』を確認します。

『最大吉方』は「九紫火星」、『吉方』は「七赤金星」「八白土星」になります。

最大吉方・吉方早見表

本命星	月命星	最大吉方位	吉方位
一白水星	一白水星	三碧木星・四緑木星	六白金星・七赤金星
	二黒土星	六白金星・七赤金星	三碧木星・四緑木星
	三碧木星	四緑木星	六白金星・七赤金星
	四緑木星	三碧木星	六白金星・七赤金星
	五黄土星	六白金星・七赤金星	三碧木星・四緑木星
	六白金星	七赤金星	三碧木星・四緑木星
	七赤金星	六白金星	三碧木星・四緑木星
	八白土星	六白金星・七赤金星	三碧木星・四緑木星
	九紫火星	三碧木星・四緑木星	六白金星・七赤金星
二黒土星	一白水星	六白金星・七赤金星	八白土星・九紫火星
	二黒土星	七赤金星　八白土星	九紫火星・六白金星
	三碧木星	九紫火星	六白金星・七赤金星・八白土星
	四緑木星	九紫火星	六白金星・七赤金星・八白土星
	五黄土星	九紫火星・八白土星・六白金星・七赤金星	なし
	六白金星	七赤金星・八白土星	九紫火星
	七赤金星	六白金星・八白土星	九紫火星
	八白土星	九紫火星・六白金星・七赤金星	なし
	九紫火星	八白土星	六白金星・七赤金星
三碧木星	一白水星	四緑木星	九紫火星
	二黒土星	九紫火星	一白水星・四緑木星
	三碧木星	一白水星・九紫火星	四緑木星
	四緑木星	一白水星・九紫火星	なし
	五黄土星	九紫火星	一白水星・四緑木星
	六白金星	一白水星	四緑木星・九紫火星
	七赤金星	一白水星	四緑木星・九紫火星
	八白土星	九紫火星	一白水星・四緑木星
	九紫火星	四緑木星	一白水星
四緑木星	一白水星	三碧木星	九紫火星
	二黒土星	九紫火星	一白水星・三碧木星
	三碧木星	一白水星・九紫火星	なし
	四緑木星	一白水星・九紫火星	三碧木星
	五黄土星	九紫火星	一白水星・三碧木星
	六白金星	一白水星	三碧木星・九紫火星
	七赤金星	一白水星	三碧木星・九紫火星
	八白土星	九紫火星	一白水星・三碧木星
	九紫火星	三碧木星	一白水星

本命星	月命星	最大吉方位	吉方位
五黄土星	一白水星	六白金星・七赤金星	二黒土星・八白土星・九紫火星
	二黒土星	九紫火星・八白土星・六白金星・七赤金星	なし
	三碧木星	九紫火星	二黒土星・六白金星・七赤金星・八白土星
	四緑木星	九紫火星	二黒土星・六白金星・七赤金星・八白土星
	五黄土星（男）	二黒土星・八白土星・六白金星	九紫火星・七赤金星
	五黄土星（女）	二黒土星・八白土星・七赤金星	九紫火星・六白金星
	六白金星	二黒土星・八白土星・七赤金星	九紫火星
	七赤金星	二黒土星・八白土星・六白金星	九紫火星
	八白土星	九紫火星・二黒土星・六白金星・七赤金星	なし
	九紫火星	二黒土星・八白土星	六白金星・七赤金星
六白金星	一白水星	七赤金星	二黒土星・八白土星
	二黒土星	八白土星・七赤金星	一白水星
	三碧木星	一白水星	二黒土星・七赤金星・八白土星
	四緑木星	一白水星	二黒土星・七赤金星・八白土星
	五黄土星	二黒土星・八白土星・七赤金星	一白水星
	六白金星	八白土星・七赤金星	一白水星・二黒土星
	七赤金星	二黒土星・八白土星・一白水星	なし
	八白土星	二黒土星・七赤金星	一白水星
	九紫火星	二黒土星・八白土星	一白水星・七赤金星
七赤金星	一白水星	六白金星	二黒土星・八白土星
	二黒土星	八白土星・六白金星	一白水星
	三碧木星	一白水星	二黒土星・六白金星・八白土星
	四緑木星	一白水星	二黒土星・六白金星・八白土星
	五黄土星	二黒土星・八白土星・六白金星	一白水星
	六白金星	二黒土星・八白土星・一白水星	なし
	七赤金星	二黒土星・六白金星	一白水星・八白土星
	八白土星	二黒土星・六白金星	一白水星
	九紫火星	二黒土星・八白土星	一白水星・六白金星
八白土星	一白水星	六白金星・七赤金星	二黒土星・九紫火星
	二黒土星	九紫火星・六白金星・七赤金星	なし
	三碧木星	九紫火星	二黒土星・六白金星・七赤金星
	四緑木星	九紫火星	二黒土星・六白金星・七赤金星
	五黄土星	九紫火星・二黒土星・六白金星・七赤金星	なし
	六白金星	二黒土星・七赤金星	九紫火星
	七赤金星	二黒土星・六白金星	九紫火星
	八白土星	二黒土星・六白金星	九紫火星・七赤金星
	九紫火星	二黒土星	六白金星・七赤金星
九紫火星	一白水星	三碧木星・四緑木星	二黒土星・八白土星
	二黒土星	八白土星	三碧木星・四緑木星
	三碧木星	四緑木星	二黒土星・八白土星
	四緑木星	三碧木星	二黒土星・八白土星
	五黄土星	二黒土星・八白土星	三碧木星・四緑木星
	六白金星	二黒土星・八白土星	三碧木星・四緑木星
	七赤金星	二黒土星・八白土星	三碧木星・四緑木星
	八白土星	二黒土星	三碧木星・四緑木星
	九紫火星	三碧木星・四緑木星	二黒土星・八白土星

『最大吉方』と『吉方』との違いとは何か

第6章で前述しましたが、どちらも『吉方』には間違いありません。

自分がどんな『吉方』を掴みたいのか、当然「効果」も異なるため、最短で幸せを掴みたい人には、『最大吉方』がおススメです。

『最大吉方』からわかる自分の弱み

『最大吉方』は、自分の不足しているエネルギーであると捉えてください。

『最大吉方』にあたる星の象意の「色」や「数字」を意識することで、〝ラッキーアイテム〟としての効果を発揮してくれますし、日々の吉方取りで『最大吉方』にあたる星の象意の「食べ物」を積極的に取り込むことで〝エネルギーをチャージ〟することができます。

〝ラッキーカラー〟をファッションや、インテリアや小物などに、〝ラッキーナンバー〟を生活の中に取り入れることで、『最大吉方』を常に意識付けすることができるとともに、運を引き寄せる手段ともなるのです。

『最大吉方』は、あなたの弱点になりますので、次のように克服すると良いでしょう。

【一白水星が最大吉方の方】

その時の気分で行動を優先するため、計画通りに物事を進めることや、我慢や苦労が苦手です。面倒なことを率先して行動することで人間関係も良くなるでしょう。

【二黒土星が最大吉方の方】

女性らしい雰囲気や人に対する優しさや気配りが苦手なため、周囲を包み込む包容力と、何事も最後までやり遂げる努力と忍耐力が求められているでしょう。

【三碧木星が最大吉方の方】

物事に慎重になり過ぎるあまりチャンスを逃してしまう傾向があります。興味のあることには積極的に行動することで思考にも変化が起きてくるでしょう。

【四緑木星が最大吉方の方】

人との距離感を大切にしたいので、調和を求められることは苦手です。誰とでもバランスよくお付き合いすることで人柄の良さが出てくるでしょう。

【六白金星が最大吉方の方】

責任のある役目や立場を担うことが苦手なので、大勢の中の一人としての役割を求めがちです。自分に自信を持って行動することで周囲から認められるでしょう。

【七赤金星が最大吉方の方】

何でも自分でやってしまうので、周りからは敬遠されがちです。時には、自分の弱さをさらけ出し、可愛げのあるところを見せると印象が変わるでしょう。

【八白土星が最大吉方の方】

現状に満足しているので、変化を嫌う傾向があります。また、自己肯定感も強いため、人生において大きな夢や目標を持つことで、生き方が大きく変化していくでしょう。

【九紫火星が最大吉方の方】

人生における取捨選択が苦手で、何が必要か不必要かの区別がわからないため、手放すことができるようになると新しい風が吹き、注目を浴びることもあるでしょう。

第8章

最大吉方のすごい吉現象

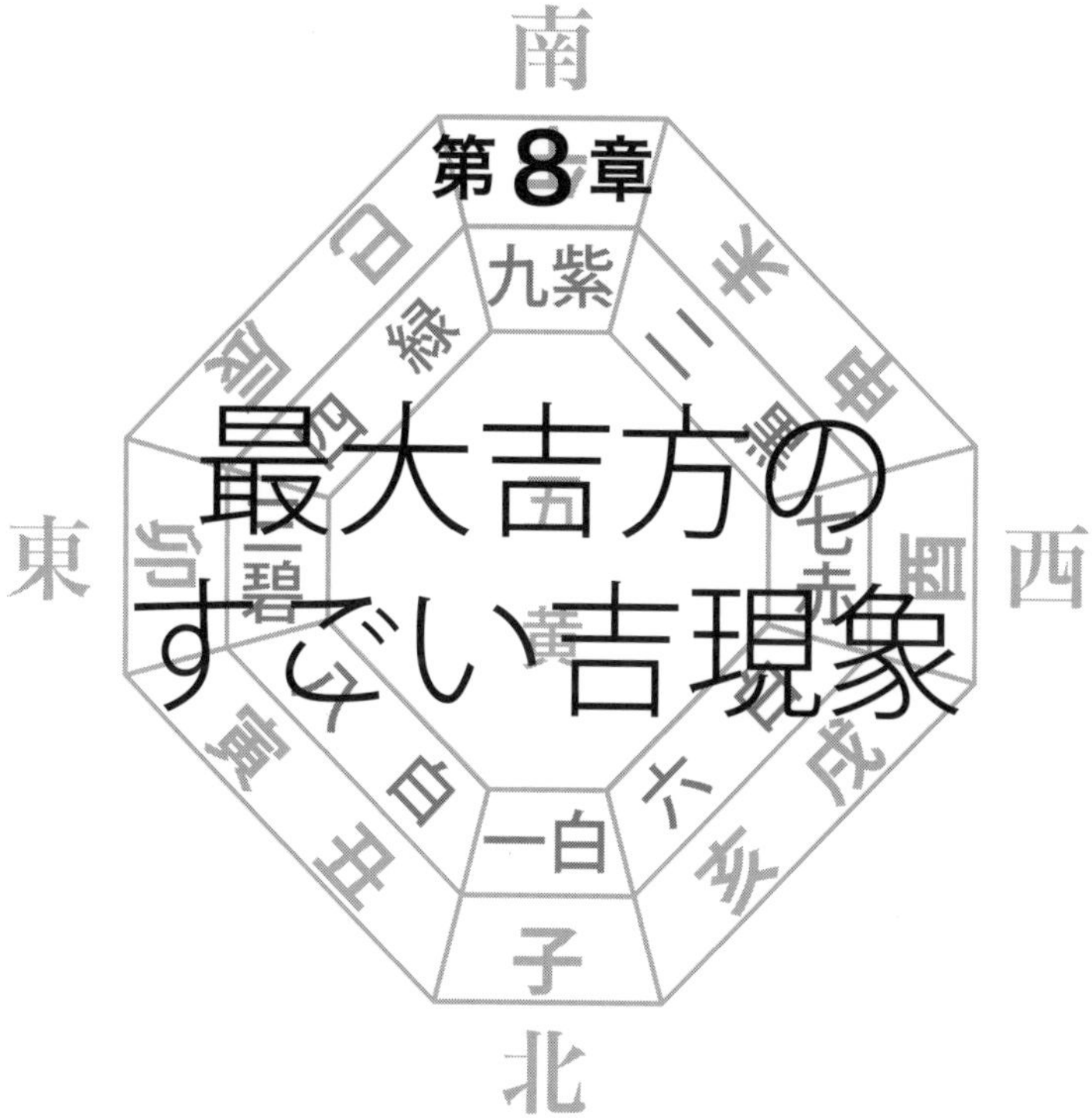

各星によって効果が異なる方位取り

生年月日で割り出される「本命星」と「月命星」。人はそれぞれ「本命星」、「月命星」が異なるため、「性格」や「体質」もさまざまです。同じ年に生まれたからと「本命星」が同じ星でも、「月命星」が異なれば、「性格」や「体質」も変わってくるので、全く同じにはなりません。

自分の「本命星」と「月命星」で決定される『最大吉方』もそれぞれであり、「最大吉方が多い人」「最大吉方が少ない人」が出てくることになります。

『最大吉方』が多く与えられている人で4つあり、もっとも少ない人でも必ず1つはあります。

『最大吉方』が多い人は、自分を輝かせてくれるチャンスが広がっているので、チャンスを掴みやすい環境にあると言えます。反対に『最大吉方』が少ない人は、天が与えてくれたチャンスを集中して実践すればよいのです。

私たちは本来、「本命星」らしく生きることが、一番自然な生き方であり、自分らしく生きることに繋がります。しかし、「本命星」らしく生きることが、かなわない場合もあります。それは、人それぞれ生まれ育った環境が異なるため、「考え方」や「生き方」に違いが生じるため、自分らしく生きることがかなわないからです。

そのために与えられたのが、『最大吉方』です。

本命星らしく生きるために、〝自分に足りないモノ〟を補うことで、さらに魅力的に輝くことができ、自分らしく生きることに繋がります。

『最大吉方』が多い人は、自分を輝かせてくれるチャンスは多くありますが、個性がはっきりしているため、自分に足りないモノも多く、人との調和を苦手とする傾向があります。

反対に『最大吉方』が少ない人は、足りないモノも少ないため、整っているといえますが、人との調和を大切にするので個性が出しにくい傾向があります。

与えられたチャンスをどう生かしていくのかは、良くも悪くもその人次第なのです。かえって『最大吉方』が少ない人の方が、あれこれ悩まずに済むため実践しやすく、シンプルに生きられるかもしれません。

与えられたチャンスをどう掴んでいくか、掴んだチャンスをどのように生かしていくかは、明確な目標が決まっている人ほどはっきりとした結果が出やすく、幸せや成功を最短のスピードで実現させてくれます。

『天』は、誰にでも平等に人生を生き抜くための〝智慧〟とチャンス〟を与えてくれています。そのチャンスに気づき、しっかり掴み取って自分が思い描く人生を歩んでいくことが大切なのではないでしょうか。その与えてくれているチャンスが、『最大吉方』といえるのです。

自分の「本命星」と「月命星」から割り出された『最大吉方』は、自分をより魅力的に成長させてくれるエネルギーであり、また自分に足りないモノを補ってもくれる『天』からの贈り物です。

その『最大吉方』には、1〜9まで種類があり、各星により効果は異なります。

『最大吉方』にあたる各星の効果を意識して、「日々の吉方取り（日盤吉方）」や「吉方旅行」、また、「吉方引越し」を行うことで、より効果を体感、実感することができます。

九星の1から9までの各星は、担当する方位によって、「象意」「天象」「場象」「事象」「人象」「職象」「身体象」「病気」「飲食物象」「動物」「植物」があります（各星の象意は、第5章参照）。

一つひとつが各星を象徴する現象であるため、『最大吉方』や『吉方』へ行った際には、自分がどの星の象徴する現象を望むのかを強く意識すると、『吉方』の効果を実感しやすくなります。

『最大吉方』や『吉方』を意識するようになると、星が象徴する現象から〝気付き〟も生まれてくるでしょう。なぜなら、各星は象徴する現象という形で私たちの人生に影響を与えてくれているからです。ですから、それを気過ごさないように〝キャッチ〟しなければなりません。

それでは、『最大吉方』へ方位取りしたときの嬉しい〝吉現象〟を各九星ごとに解説していきましょう。なお、「凶方」として方位取りした時の〝凶現象〟も掲載しておきます。

あなたの『最大吉方』は、本書第7章から割り出して確認してください。なお、次の「最大吉方の効果」及び「凶方の現象」は、吉方へ引越しした際に大きく影響〝が現れ、『人生に変化』をもたらします。

「日盤吉方」や「吉方旅行」には現象が小さく現れます（人生を変えるほどの効果はありません）。「吉方引越し」や「日盤吉方」及び、「吉方旅行」についての詳細は、著者のセミナーや講座などでお伝えしています。

★一白水星の最大吉方の効果

人間関係が拡がり人に優しくなり悩みも解決する

【一白を最大吉方（吉方）で取った場合の現象】

・いったん何かが終わり、新しい何かが静かにはじまります。
・職場などで従業員に恵まれ、よく働いてくれるようになります。
・新たな良い人間関係と繋がり、交友関係が拡大します。
・人の気持ちに対する理解が深まり、コミュニケーション能力が高くなります。
・独身者は交際範囲が拡がり、良縁に恵まれます。
・長年抱えていた悩み事が解消します。

【一白を凶方で取った場合の現象】

・新しく始めた仕事や事業などで失敗します。
・悪い人間関係と交流を持ちやすく、気苦労が多くなります。
・異性問題で揉め事やトラブルが起きます。
・健康を害し、精神的にも経済的にも困窮します。

★二黒土星の最大吉方の効果

親子関係が良好になり家庭が円満になる

【二黒を最大吉方（吉方）で取った場合の現象】

- 真面目で働き者になり、新規開拓が見込めます。
- 物事に対して意欲的になり、成果が現れます。
- 人材育成に目覚め、熱心な教育家になります。
- 母性愛が強くなり、世話好きになります。
- 古い物を大切にするようになります。
- 胃腸の働きが良くなります。

【二黒を凶方で取った場合の現象】

- 学習意欲や勤労意欲がなくなり、怠け者になります。
- 年上の女性に対しての親族や人間関係で悩まされます。
- 年下や部下への教育や指導などの面倒見が悪くなります。
- 肥満になりやすく、胃腸の調子も悪くなり、健康を害します。

仕事のチャンスが得られやすくなり前向きになる

★三碧木星の最大吉方の効果

【三碧を最大吉方（吉方）で取った場合の効果】

・準備してきた物事が発展、拡大します。
・豊富なアイデアが次々と湧いてきます。
・話術が評判となり、人前で話す機会が増えて人気者になります。
・好奇心が旺盛になり、積極的に行動します。
・明るく元気な性格が好感を持たれ、良縁に恵まれます。
・隠されていた実力や努力の結果が実り、開花します。

【三碧を凶方で取った場合の現象】

・物事が停滞し、思うように進まず苦しくなります。
・口の災いにより悪い噂が広まります。
・騙されやすく、詐欺に遭いやすくなります。
・火の取り扱いには注意が必要です。

恋愛や結婚運が良くなり人間関係が円滑になる

★四緑木星の最大吉方の効果

【四緑を最大吉方（吉方）で取った場合の効果】

- 物事全般が全て整ってきます。
- 社会的に信頼や信用度が増します。
- コミュニケーション能力が高くなります。
- 性格が温厚になり、良い縁談に恵まれます。
- 遠方とのご縁により、さまざまな事柄が拡がります。
- 新しくはじめた事象や出逢った方と長く続きます。

【四緑を凶方で取った場合の現象】

- 今まで培ってきた信用や信頼を失います。
- 遠方の方との関係が悪化します。
- 理想の結婚相手や恋人は見つかりません。
- 物事が整わず気苦労が絶えません。

★六白金星の最大吉方の効果

目上からの応援がもらえ心身共に健康になる

【六白を最大吉方（吉方）で取った場合の現象】

・目上の人や社会的立場のある人から引き立てがあります。
・続けてきた事が大きくはじまるような出来事があります。
・勢力的に活動するようになり行動力や実行力が増します。
・社会貢献やボランティア精神が旺盛になります。
・多忙な毎日を過ごすようになり繁栄します。
・生き甲斐を感じられるようになり人生が充実します。

【六白を凶方で取った場合の現象】

・物事が思うように運ばなくなり失敗します。
・目上の人と対立が起こりやすく、トラブルになります。
・投機に失敗し、事業や生活が困窮します。
・脳の病気になりやすく、交通事故に注意です。

★七赤金星の最大吉方の効果

人生の楽しみが見つかり金運がアップする

【七赤を最大吉方（吉方）で取った場合の効果】

・宝くじに当選したり、株で儲かったりと嬉しい臨時収入があります。
・祝宴などに誘われ、異業種の方との交流が増えます。
・話術が評判となり思わぬ転機が訪れます。
・金銭や飲食に何不自由困ることなく生活できるようになります。
・異性から注目を浴びるようになり恋愛や結婚に恵まれます。
・交流関係が盛んとなり飲食する会合も増え、経済も潤います。

【七赤を凶方で取った場合の現象】

・口の災いにより、何気なく発言したことでトラブルとなります。
・経済状況が悪化し、資金繰りに悩むでしょう。
・異性問題が勃発しやすくなるでしょう。
・常時、何か不足している状況になるでしょう。

★八白土星の最大吉方の効果

流れが変わり自分に自信がつき家庭運もよくなる

【八白を最大吉方（吉方）で取った場合の効果】

・今まで行ってきた事がいったん止まり、大きく変化します。
・思うように運ばず悩んでいたことが改善されます。
・不動産収入で思わぬ利益が出ます。
・貯蓄心が芽生え、財産が膨らみます。
・良き後継者に恵まれ、相続問題も解消します。
・親族や家族との関係がさらに良好になります。

【八白を凶方で取った場合の現象】

・親族との関係が悪化し、疎遠になります。
・あてにしていた相続人が役に立たず、後継者に悩みます。
・今まで蓄えてきた財産を失います。
・関節や腰痛に悩まされます。

不必要なモノとの縁が切れ知識が得られる

★九紫火星の最大吉方の効果

【九紫を最大吉方（吉方）で取った場合の効果】

・今までの成果が認められ、地位や名誉を得ます。
・頭の回転が良くなりアイデアが湧いてきます。
・研究熱心になり探求心が芽生えます。
・知恵や知識が豊富になります。
・物事の裏側や本質を見抜けるようになります。
・不要な人や物が離れることで、すっきり断捨離できます。

【九紫を凶方で取った場合の現象】

・今ある地位や名誉を脅かす出来事があります。
・争いやトラブルを起こしやすく、訴訟問題になります。
・親族や親しい友人、知人との離別があります。
・頭や眼の病気に注意が必要です。

第9章

実践！私の方位取りとその吉効果

リスクを伴う凶方位へ行くことを選んだ理由

2019年の年末に慌ただしく名古屋から九州は熊本、阿蘇の温泉地「黒川温泉」へ向かい、約3カ月間のリゾート派遣で仲居としての勤務を終え帰還したのは、〝3月20日春分の日〟です。

暦の上で〝天のエネルギー〟が最も強いといわれる春分の日にミッションを終えることができたのも必然だったのかもしれません。

そのミッションとは……

2019年の後半から現状をすぐにでも変えたかった私は、これは『吉方』を取るしかないと考え、準備を着々と進めていたのです。

私は、「本命星」が六白金星、「月命星」が八白土星であるため、『最大吉方』は、2つあります。それは、二黒土星と七赤金星です。また、最大ではありませんが、一白水星の『吉方』もあります。今回は、この〝一白吉方〟を取りたかったのです。

なぜ、そこまでしても〝一白吉方〟を取りたかったかというと、一白は後天定位盤で北を担当しており、〝陥入《かんにゅう》〟という意味があります。いわゆる穴に陥るという意味で、『貧・病・

争』の現象が起きるといわれているからです。

「貧」は物質的、「病」は肉体的、「争」は精神的な苦悩を表しています。それが、9年に1度巡ってくる運勢の中で、一白が担当している北に自分の星が廻座した際に起こる現象のことを指します。

北に廻座した星は、その1年『貧・病・争』が巡ってくることになり、それを乗り越えた先に「新たな決意が生まれる」と言われています。9年に1度巡ってくる運勢の中でも、一番落ち込みが激しい年であるため、『吉方』で先に取っておくと、後に巡ってくる〝陥入〟を乗り越える〝ちから〟がつくと言われているからなのです。

それだけ落ち込みが激しい陥入は、『吉方』で取った場合でも、当然リスクを伴います。そのため、それに耐えることができる年齢も当然限られてきます。体力的にも60歳以降の方にはおススメはできません。

その〝一白吉方〟を60歳にまでにどうしても取っておきたかったのです。

もう一つは、自分の「月命星」である〝八白も吉方として〟取れるとなれば、こんなチャンスは滅多にないと判断しました。

「月命星」は、〝身体〟を担当しているので、これを『吉方』で取ることができれば、身体も強化することができます。

それは、前述「はじめに」にも記載した〝未熟児〟で生まれたため、身体に絶対の自信が持てなかったという長年の悩みも解決できます。さらに現在まで入院、治療することなく5年が経過しましたが、がん再発のリスクも背負っていましたので、不安も解消することができます。

2020年に〝一白吉方〟を取れるチャンスは、引越なら何度かありますが、『仮吉方』という方法で取ろうと思うと名古屋を出る月が限られてくることがわかりました（『仮吉方』とは、仮住まいに一定期間定住後、吉方で自宅に戻る方法のこと）。

『展望手帳』見てみると、2020年の「年盤」と「月盤」が重なる『後天定位盤』は、3月と12月にありました。

2020年3月に〝一白吉方〟が取れる北東に戻るためには、遅くとも2019年12月には名古屋から南西に出なければなり

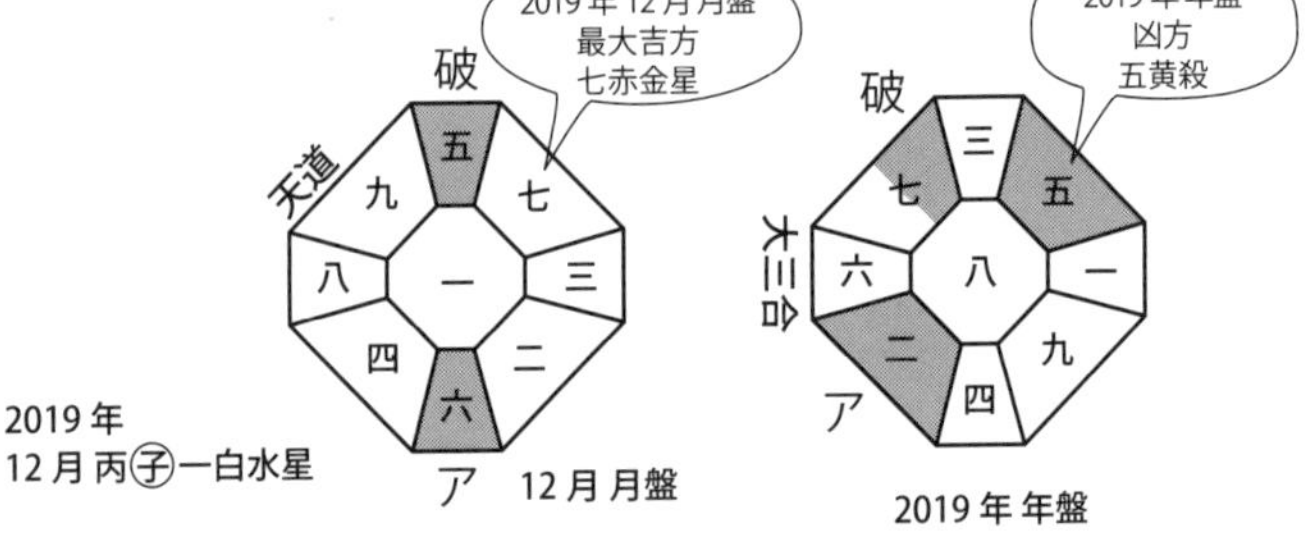

ません。しかもその年盤は『凶方』、その凶方も『三大凶方』の一つで、誰もが恐れる〝五黄殺〟です。

もう一つの案は、２０２０年12月に〝一白吉方〟がある北東に戻るには、３ヶ月前の９月に南西に出ることで、行きも帰りも『吉方』を取ることができる上、リスクを伴うこともありません。

２０２０年の12月まで待つのか、『凶方』というリスクを背負ってでも２０２０年３月に名古屋へ戻るのかという究極の選択に迫られていました。

一時は、〝死〟を考えさせられたこの身、万が一、『仮吉方』を失敗したらどんな人生が待っているかは十分理解しているつもりです。

考えに考え抜いた挙句に出した結論は、一か八か、リスクを背負ってでも２０１９年12月に名古屋から南西へ出て、２０２０年３月に〝吉方〟が取れる北東へ戻ろうと決心しました。

２０２０年９月の今となっては、この決断は正解だったと確信

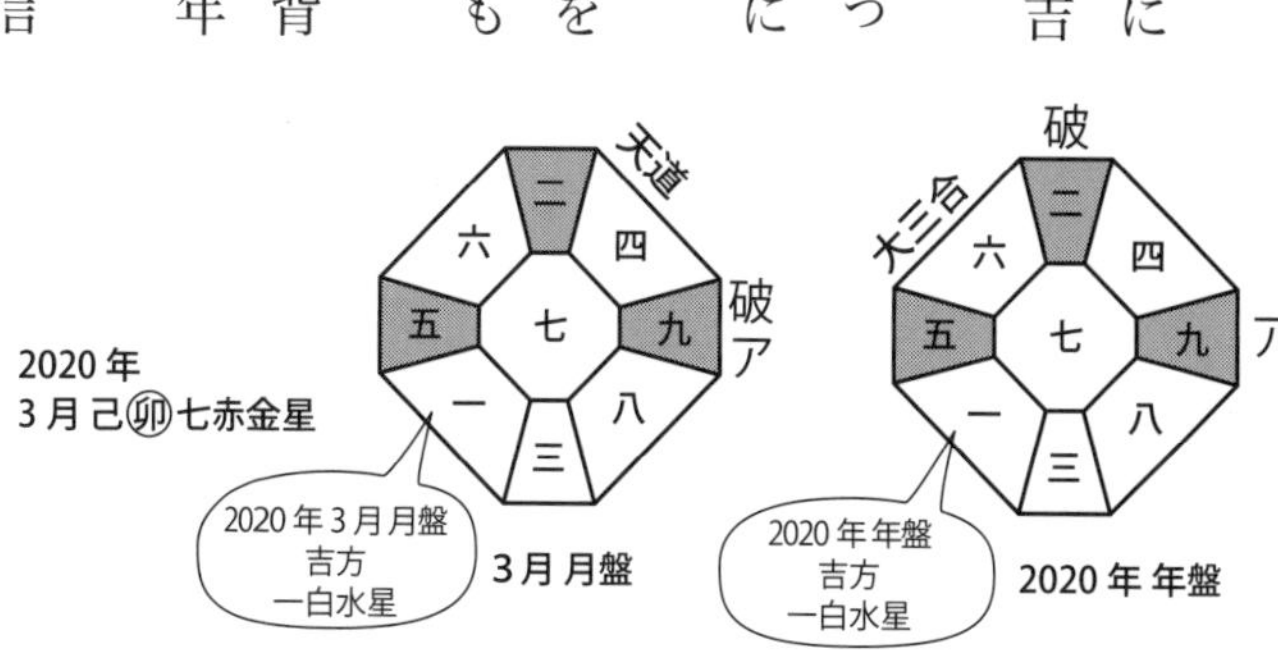

しています。

それは、新型コロナウィルス感染症のために混乱を極めている状況だからです。そして、『仮吉方』をすると決まったら、すぐに九州へ行くための準備に入ったのです。そのためには、リゾート派遣で働きながら75泊寝泊まりさせてくれる派遣先をお願いしなくてはなりません。

さすがに『吉方』を取るために九州へ行きたいとは言えません。しかも、条件として「3カ月以上働ける方を希望」が多い中、仲居は全くの未経験な上、75日働きたいという中途半端な条件では、なかなか仕事は決まりませんでした。

もしも、仕事が決まらなかったら、と次の策も考えながら、派遣会社からの紹介を待っていました。しかし、1カ月半経っても仕事は見つからなかったため、思い切って派遣会社を変えてみることにしたのです。すぐにネットで検索し、リゾート派遣の中でも評判の良い派遣会社に連絡すると、あれほど決まらなかった仕

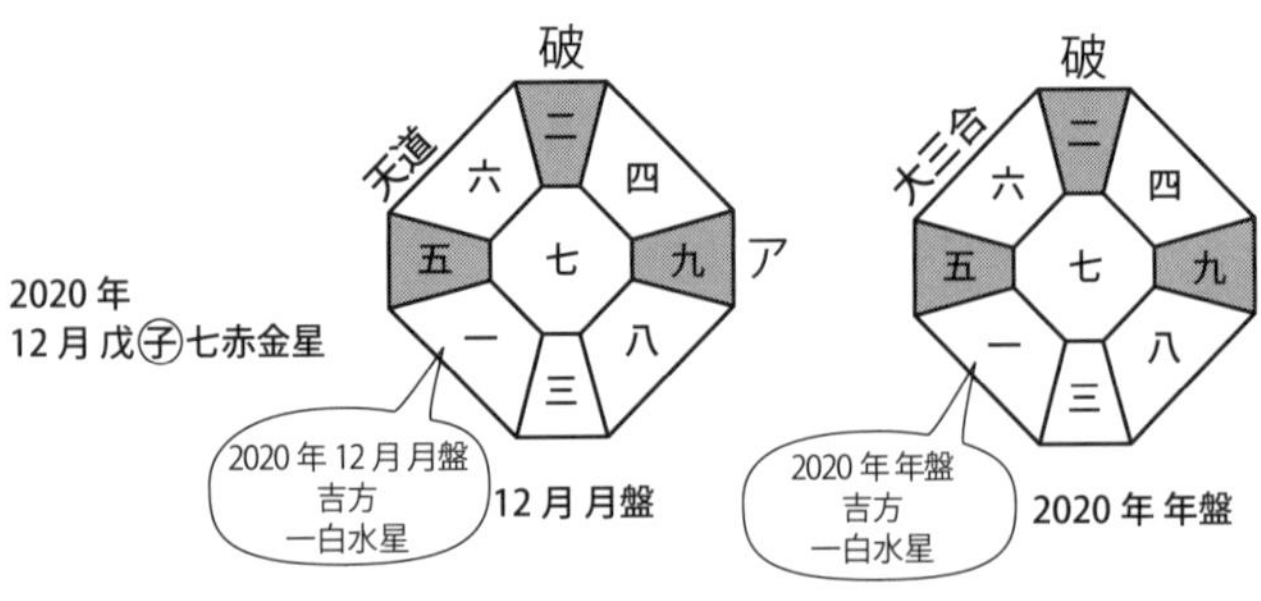

事がスムーズに決まり、12月の初旬には派遣先が確定し、年末に九州へ行く準備も十分に取ることができたのには驚きでした。

通常、『仮吉方』という方法を取る場合、自宅から最低でも2キロメートル以上離れた賃貸アパートなどで数カ月暮らす場合が多く、そのためには、家賃、光熱費、食費とそれだけで結構な金額になります。数カ月の間、働きながら勤務先が提供してくれた寮やアパートで暮らすことができれば、こんな有難い話はありません。

名古屋から九州へは、年盤が『凶方』であるため、75泊以上超えると〝凶〟が根付く恐れがあります。しかも、『三大凶方』の〝五黄殺〟です。ですから、そこはどうしても譲れない条件の一つでした。

年盤が『凶方』だったため、少なくとも月盤は『吉方』で名古屋を出ることができれば、最初の数カ月は月盤の〝吉の作用〟が働き、楽しく過ごすことができます。60日を経過した頃から年盤の〝凶の作用〟が出始めてくるだろうと判断したのです。

〝五黄殺〟と聞いただけで身震いがしそうな『凶方』へ行くのだから、最初の数カ月だけでも楽しく過ごしたいというのが本音でした。

お世話になった黒川温泉は、記憶にも新しい熊本地震の際に甚大な被害に遭ったところで、再起をかけてリホームされた旅館もあります。

阿蘇のさらに奥地にある黒川温泉郷は、かつては地図にも掲載されていないほどの秘境だったそうです。今では、全国から多くのファンが訪れる人気の温泉地になったのも、30軒の各旅館が「一つの宿」として、観光客を出迎えているからでしょう。

その魅力は、昔ながらの風情ある街並みと温泉です。「入湯手形」を購入することで、お得に、しかも気軽に泉質の異なる各旅館の温泉を楽しむことができます。

ちなみに私は、全旅館の湯めぐりを完全制覇し、旅館組合内に名前が掲示されています。黒川温泉へ行かれる際は、旅館組合のある「風の舎」で私の名前を見つけてみてください。

ここでは「黒川温泉一旅館」として、道は廊下、木々や花は中庭の植木、お風呂もお宿も一つの大きな旅館の中にあるという考え方があるからこそ、観光客にそのおもてなしが伝わり、黒川温泉をさらに盛り上げているのです。これからの日本や世界の進むべき、モデルになり得る場所だと確信しています。

そんな素敵な場所にご縁をいただけたことに、本当に感謝してしまいます。

『吉方』を取ろうと決意すると引越をまだしていないにもかかわらず、先に〝吉の効果〟が現れるといわれていますが、まさにその通りでした。

私が取ろうとしていた〝一白吉方〟には、年盤と月盤が揃うことで、九紫火星と八白土星も『吉方』として取れるのです。

一白水星が象徴するものとして主に、水、雪、滝、寒い、温泉、湿地など
八白土星が象徴するものとして主に、山、再起、旅館、リフォームなど
九紫火星が象徴するものとして主に、離、神仏、出版、鑑定など

黒川温泉は〝一白吉方〟が表すものとして、温泉地であり、冬は寒冷地で雪も降り、水は豊富で、滝もありました。そして、〝八白土星〟が表すものとして、山があり、旅館があり、震災からのリニューアルオープン後の旅館もありました。

最後に〝九紫火星〟が表すものとして、九州へ旅立つ直前に、お世話になった協会を離れ、本書の出版が決まり、黒川温泉に近い阿蘇には有名な神社が点在していた、ということです。

九州で仲居をしながら執筆活動をしていた私は、その続きを、名古屋へ持ち帰って継続しました。

自分にはない「運」や必要な「運」なら、今、取りに行くことができる、それが〝吉方取り〟なのです。はじめから「ない」と諦めるのか、「吉」を掴みに行くのかは、個人の自由です。でも、人生は選択の連続であることを考えると、それは私には明らかなことです。〝チャンス〟がそこにあっても、あきらめるのか、掴み取るのかは、選択次第で大きく変わります。この巡ってきた本書出版の〝チャンス〟も掴み取ることを私は選んだのです。

恵方参《えほうまい》り

毎年、暦の上で新年を迎えるのは2月の「立春」からになり、月の節替わりでもあります。ですからこの日は、1年の替わり目にもあたる大切な日なのです。

この立春を境に新しい年の1年が始まるため、〝天の動き〟だけでなく、〝地の動き〟と合わせて、〝人の氣〟にも大きく影響を与えてくるのです。

1年毎に切り替わる天の動き、地の動き、人の氣があり、天から受けられる〝チャンスの神様〟も毎年、方位が異なります。

この〝チャンスの神様〟がいる方角のことを恵方《えほう》といい、2020年は庚《かのえ》の方位で、西南西となります。正確には、西の方角の30度で、さらに南寄りの10度、これが庚の方位ということになります（次頁参照）。

恵方の方角は、天の氣である十干《じっかん》と四方の組み合わせにより毎年決まるのです。

甲《きのえ》・己《つちのと》の年は、東の北寄り（正しくは東の方角の30度で、さらに北寄りの10度）
庚《かのえ》・乙《きのと》の年は、西の南寄り（正しくは西の方角の30度で、さらに南寄りの10度）
丙《ひのえ》・辛《かのと》の年は、南の東寄り（正しくは南の方角の30度で、さらに東寄りの10度）
壬《みずのえ》・丁《ひのと》の年は、北の西寄り
（正しくは北の方角の30度で、さらに西寄りの10度）
戊《つちのえ》・癸《みずのと》の年は、南の東寄り
（正しくは南の方角の30度で、さらに東寄りの10度）

その〝チャンスの神様〟のことを「恵方参り」といい、その年の「歳徳神《としとくじん》」という神様のいる場所のことであり、毎年変わる恵方の方角にある神社仏閣などでお参りすると願いがかないやすいと言われているのです。

これは、吉凶関係なく誰でも参拝することができます。

各年の**恵方**の方位

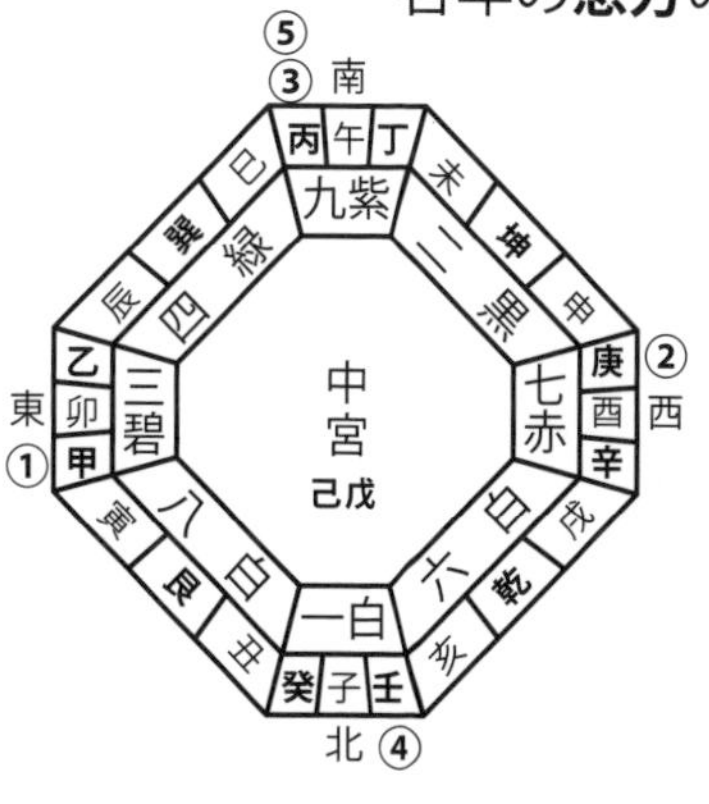

2024年、2029年の甲・己の年は ①
2020年、2025年の庚・乙の年は ②
2021年、2026年の丙・辛の年は ③
2022年、2027年の壬・丁の年は ④
2023年、2028年の戊・癸の年は ⑤

「恵方参り」には、次のルールがあります。

まず、自宅から750メートル離れていること。できれば距離がある方が思いの強さが伝わります。そして、お参りの際に下記の内容を唱えると同時に、〝人の氣〟である自分を軸にして、〝天の氣〟を右手人差し指で、〝地の氣〟を左手人差し指で指すことで〝天と地〟を繋ぎます。

そして、次のように唱えてください。

〝私にチャンスを与えてください〟

〝私にチャンスを見抜く智慧をください〟

〝私にチャンスに乗る勇気をください〟

神社仏閣の中でも稲荷神社と墓地のみのお寺は、恵方参りには避けましょう。
毎年、立春だけでなく、いつ参拝してもかまいませんが、特に次の日も天のエネルギーが強い日と言われているので、ぜひ参拝されると良いでしょう。
●春分の日と秋分の日
●夏至と冬至

●毎月の節替り

恵方参りの際のポーズは、お釈迦様が誕生後、すぐに7歩歩いて右手で天を指し、左手で地を指しながら「天上天下唯我独尊《てんじょうてんげゆいがどくそん》」と言われた、という伝説に由来しています。もちろん、願い事が叶ったら、お礼参りをすることを忘れないようにしましょう。

運氣のサイクルに合わせた人生プラン

さて、九星の運氣は、9年毎の周期的なサイクルで回っていることは説明しました。私たち各星も後天定位盤の上を、運氣のサイクルで循環しているのです。

一年毎の運勢の流れは、次のようになります。

次頁の図と合わせてご覧いただくとわかりやすいと思います。

「北」で①『決意』↓南西で②『準備』↓「東」で③『発展』↓「南東」で④『繁栄』↓「中央」で⑤『中心』↓「北西」で⑥『完成』↓「西」で⑦『収穫』↓「北東」で⑧『変化』↓「南」↓⑨『離別』↓北に戻る流れです。

この氣学に沿った9年毎の運勢の流れに上手く乗ることが、成功するための秘訣です。

自分の「本命星」がその年の年盤でどの位置にあるかを知り、その年に求められている意味や役割に沿った生き方をすれば、すべて順調に物事が運ぶようになるのです。

２０６頁の「２０２１年～２０３２年までの年盤図」で、自分の星が今年、どの位置にあるのかを調べ、求められている意味を確認しましょう。

①『決意』……「万初《ばんしょ》」という意味があり、新しいスタート地点です。人生の苦悩や悩みを経験し、人としての成長過程の中、新たな決意を生み、今後９年間の運勢を決める。

②『準備』……９年間をどう生きるか、決意したことの準備に充てる。今は暗闇でも朝日が昇る日を懸命に待ちながら、地道に努力することが最も大切な期間です。

③『発展』……準備や努力してきたことがようやく世間に

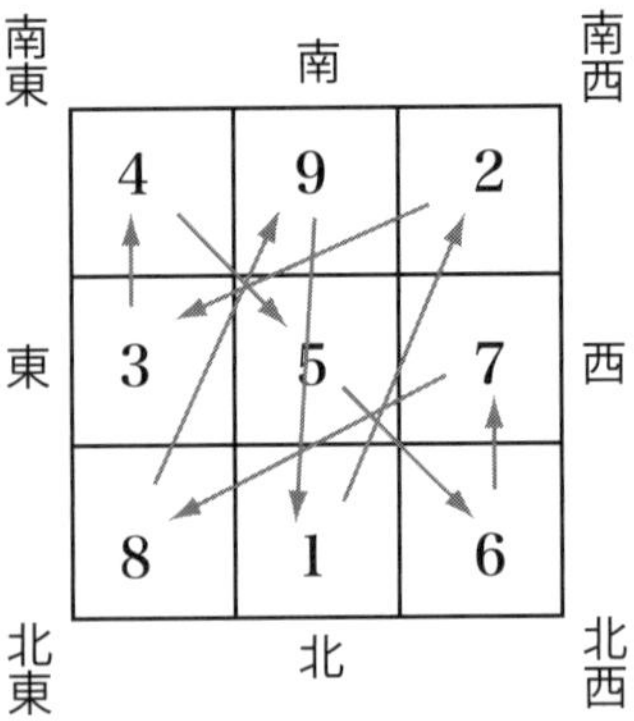

認められ、急に忙しくなるため、あちこちから声がかかるようになる。活動範囲が一気に拡がるので、積極的に行動することが必要。

④『繁栄』……さらなる飛躍が求められる中、誠実に対応することで信用や信頼関係が生まれる。活動範囲や人間関係も拡がっていくので、何事も整えていくことを心掛けたい。

⑤『中心』……拡大させてきた活動や行動をいったん振り返って見直すことで、より洗練される。断捨離することで大切なものだけを残し、それを完成させることに集中したい時。

⑥『完成』……これまで行ってきた事柄を明確に絞り込むことで、今までの成果が出てくる。実りに繋げるためには、内容を見直し、効率的に完成させることが求められる。

⑦『収穫』……今までの努力や成果の結果が現れる時で、人間関係も拡がりを見せ、経済的にも潤ってくる。前半に実りを収穫したら、後半はさらなるステージを考える。

⑧『変化』……飛躍させてきたものへの変化を求められる時である。前半はブレーキがかかる。今までの行動や活動を振り返り、見直すことで変革され新しく生まれ変わる。

⑨『離別』……今までの実績が評価され注目を浴び、地位や名誉が与えられ、表彰されることも。人や物に関する離別が起こりやすい時でもあり、9年間の締めくくりの総決算。

2021年～2032年までの年盤図

2029年
令和11年己酉

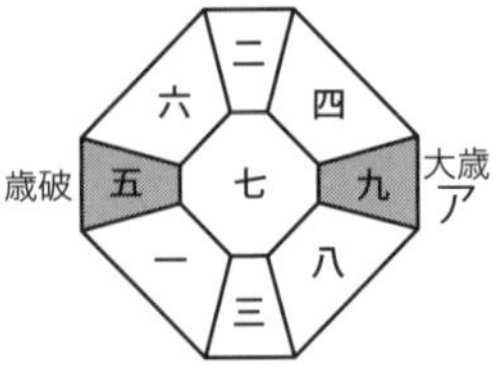

2025年
令和7年乙巳

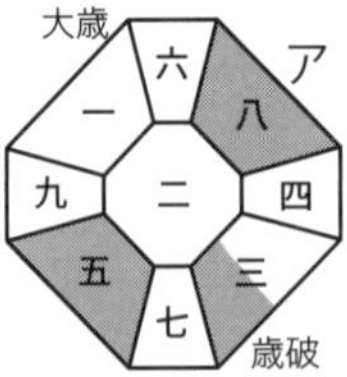

2021年
令和3年辛丑

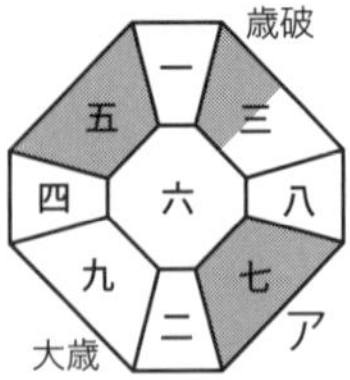

2030年
令和12年庚戌

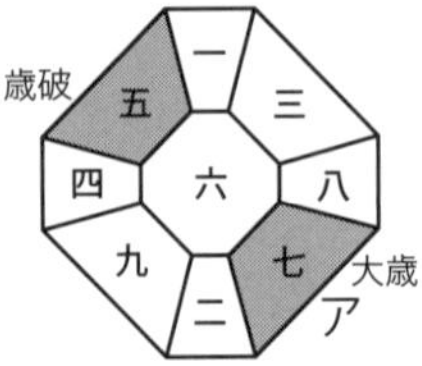

2026年
令和8年丙午

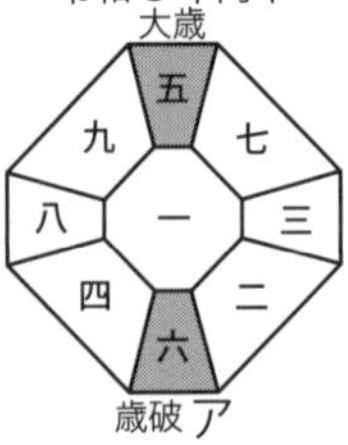

2022年
令和4年壬寅

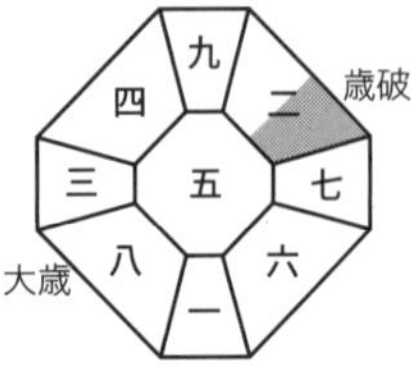

2031年
令和13年辛亥

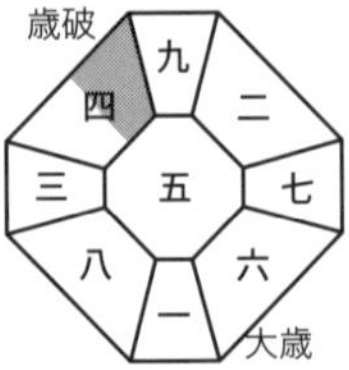

2027年
令和9年丁未

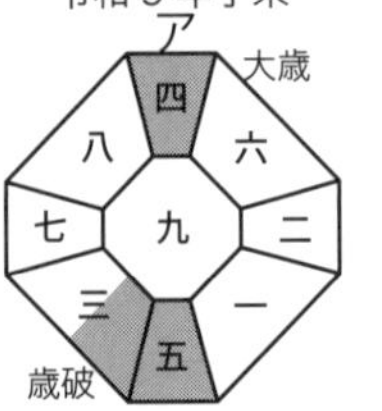

2023年
令和5年癸卯

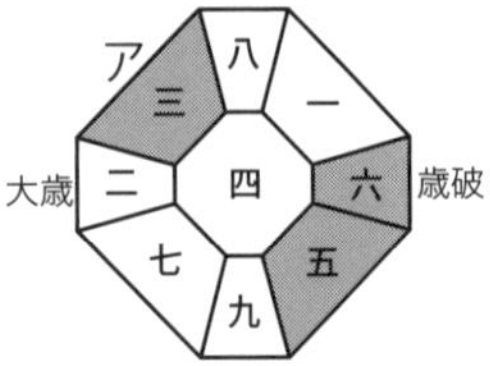

2032年
令和14年壬子

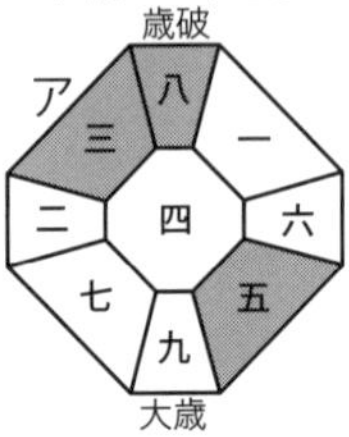

2028年
令和10年戊申

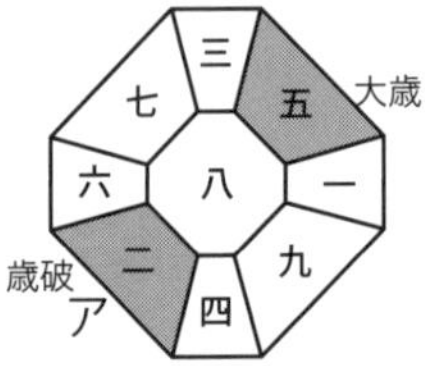

2024年
令和6年甲辰

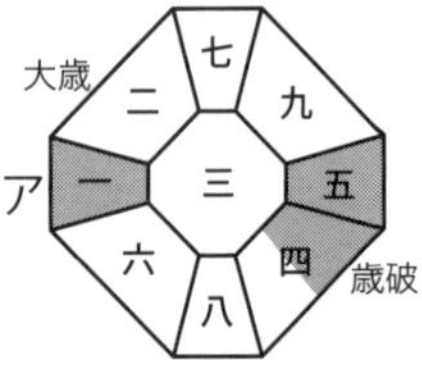

＊大歳＝その年の十二支　ア＝暗剣殺　歳破＝破壊殺

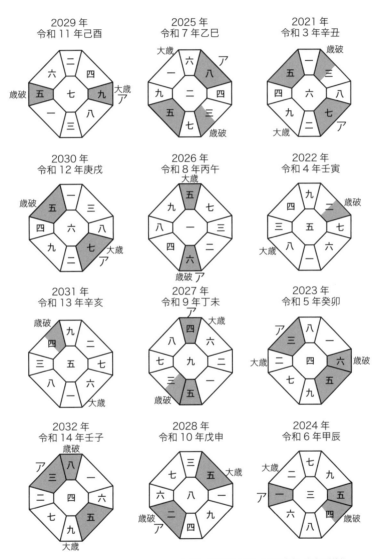

2020年～2029年までの運氣のサイクル

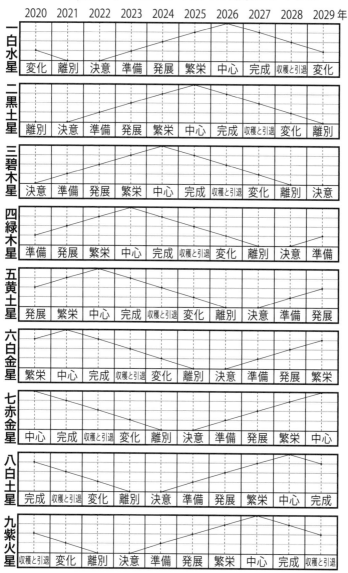

星別による運氣のサイクル（バイオリズム）

	2020	2021	2022	2023	2024	2025	2026	2027	2028	2029年
一白水星	変化	離別	決意	準備	発展	繁栄	中心	完成	収穫と引退	変化
二黒土星	離別	決意	準備	発展	繁栄	中心	完成	収穫と引退	変化	離別
三碧木星	決意	準備	発展	繁栄	中心	完成	収穫と引退	変化	離別	決意
四緑木星	準備	発展	繁栄	中心	完成	収穫と引退	変化	離別	決意	準備
五黄土星	発展	繁栄	中心	完成	収穫と引退	変化	離別	決意	準備	発展
六白金星	繁栄	中心	完成	収穫と引退	変化	離別	決意	準備	発展	繁栄
七赤金星	中心	完成	収穫と引退	変化	離別	決意	準備	発展	繁栄	中心
八白土星	完成	収穫と引退	変化	離別	決意	準備	発展	繁栄	中心	完成
九紫火星	収穫と引退	変化	離別	決意	準備	発展	繁栄	中心	完成	収穫と引退

「九星氣学風水」の流れに沿った生き方

2015年に「氣学」と出逢ってからというもの、日々の生活が大きく一変したことはすでに述べました。

それまでの私は仕事や家事に追われ、日常の生活を淡々と過ごす中、ひたすら努力することでいずれ幸せになると信じて疑いませんでした。しかし、努力しても一向に報われない時があるものです。

悔しい思いを何度も経験し、落ち込んではまた、這い上がっての繰り返しの日々を長年送っていると、人生に一定の流れみたいなものがあることに気付かされます。

それは、読者のみなさんも感じていらっしゃるのではないでしょうか。

この流れこそ「氣学」が教えてくれる〝運氣のサイクル〟です。

人生のプランがあらかじめ決まっているだけで、この先どんな人生が待っているのか、どんな計画を立てればよいのかを予測できることは、とてもありがたいことです。〝不安〟や〝心配〟に怯えることもないし、「目標」や「夢」を実現しやすいからです。

またそれだけでなく、「氣学」には方位を活用し、『運』を高めることができる〝唯一無二の開運法〟でもあるのです。

前述の「吉方引越し」はハードルが高いかもしれません。でも、「日々の吉方取り」なら誰でも今日から、気軽に実行することができます。

毎日「吉方取り」をするようになると、確実に生き方に変化が現れるようになるのです。なぜなら、毎日が楽しく感じられ、人生が充実してくるからです。

天体学である「氣学」には、他の占術にはない魅力があります。それは、実践、行動することで〝気付き〟をもたらしてくれることです。

それが、本書で何度も強調している〝方位取り〟です。

「日々の吉方取り」をすることで、その方位にまつわる象意から〝気付き〟が生まれる。それは、『吉方』が教えてくれた〝お知らせ〟でもあります。

天はわかりやすい〝かたち〟で〝メッセージ〟を伝えてくれているのです。

誰にでもある『吉方』は、大きさや数に違いはあるものの、幸せを掴むチャンスは平等に与えてくれています。チャンスを掴むかどうかはあなたの決意次第です。

このコロナ禍の今、常にマスク着用を義務付けられた生活を余儀なくされ、社会活動や経済活動は一変しました。今までのように安心して生活できない世の中に変わりつつあります。

目に見えないウィルスと共に生きる道を選んだ私たちは、免疫力を強くすることが求められています。大袈裟に言えば、『運』を強くするかどうかを求められているのではないでしょうか。

この世に生まれてきた大切な『命』だからこそ、この『命』をどのようにカスタマイズして取り扱うかは、今の自分にゆだねられているのです。

『九星氣学風水』を知れば知るほど、その計り知れない奥深さに驚き、天からの叡智が凝縮されていることを知る事になるとは5年前の私は知る由もありませんでした。

私の実体験からも、本書を通じて皆さんにこの『九星氣学風水』の流れに沿った生き方をおススメせずにはいられないのです。

『九星氣学風水』で〝軌跡〟と〝奇跡〟を起こすのは、

次はあなたかもしれません。

あとがき

この本を数ある書籍の中から選んでくださったこと、そして、最後まで読み進めてくださったことにまずは、御礼申し上げます。

私は、「血液のがん」と医師に宣告された時、もう長くは生きられないと真剣に思っていました。不思議なもので、今も私は生きていて、自身の経験をもとにした本を出版することになろうとは、本当に人生は何が起こるかわかりません。

「がん」に限らず、さまざまな病気や、健康上の悩みを抱えている方、そして、コロナ禍の今、将来に不安を感じている方は多いと思います。

そんな現状の中でも、生きることをあきらめることなく、『九星氣学風水』を一つの〝智慧〟として受け取っていただけたら幸いです。

生きることを決意し、「本を出版する」と宣言してから今日までの道程も決して平坦な道のりではありませんでしたが、そんな中でも〝チャンス〟はありました。

その〝チャンス〟をくれたのは、現在も大変お世話になっている社会運勢学会認定講師の石川享佑先生でした。出版の夢をあきらめかけていた時、石川先生の一言がきっかけで話は進み、知道出版の奥村さんからオファーをいただくことができたのです。本当に嬉しかった！　しかし出版が決まったのは、ちょうど九州黒川温泉へ行く直前でした。それでも私は、この〝チャンス〟を逃したくありませんでした。なぜなら、次の〝チャンス〟はないかもしれないと思ったからです。

石川先生の〝善意〟のおかげで、私は出版の〝チャンス〟を掴むことができたのです。

石川享佑先生と奥様で理事の紗里先生、ならびに理事長の村山佳徳様には、この場をお借りして厚く御礼申し上げます。

そして、その〝チャンス〟を快諾してくださった出版プロデューサーの松尾昭仁先生、大沢治子様、いつも温かく見守ってくださっている小西昭生先生、黒川温泉まで応援に来てくれた木村依里子さん、派遣先に黒川温泉を紹介してくれた寺本麻美さん、アドバイスやお導きを賜ったがん封じ寺のせんき薬師ご住職、貴重な吉方体験談を頂戴した皆様、多治見や福岡でいつもお世話になっている皆様、黒川温泉や阿蘇でお世話になった皆様に御礼申し上げます。

また今回、執筆が終わった原稿を名古屋、岐阜、京都、長野、横浜、福岡在住の計30名の方にお目通しいただき、たくさんの貴重なアドバイスを賜りました。

〝スペシャルサンクスの皆さん〟として、お名前を掲載させていただいております。

そのおかげで、最初の原稿から格段に良くなりましたね、と知道出版の奥村さんに大変喜んでいただくことができました。

皆さん、本当にありがとうございました。

最後に、黒川温泉へ働きに行くと急に言い出すわがままな妻をいつも支えてくれている主人と家族に心から感謝します。

富安 里佳

Special thanks
30名の皆さん（50音順）

石原　直美さん
稲垣　佑里夏さん
瓜生　倫穂さん
大橋　涼子さん
香河　知子さん
加藤　珠有希さん
加藤　素子さん
菅野　ユキさん
木村　泉さん
木村　依里子さん
後藤　昌之さん
後藤　雅子さん
近藤　敏也さん
柴垣　恵子さん
高橋　牧子さん
竹内　真由香さん
長　佑充さん
寺本　麻美さん
野久　美保さん
日根　春香さん
平林　未樹子さん
福栄　千亜希さん
古川　美香さん
三品　まりさん
満岡　江美奈さん
三輪　のりこさん
巳野　真範さん
山田　めぐさん
山本　智亜紀さん
若狭　一乃さん

【参考文献】

『２０２０年展望手帳』村山幸徳（株式会社シンクタンクマインドズーム）
『展望手帳２０２１』村山幸徳（株式会社シンクタンクマインドズーム）
『鑑定ハンドブック』村山幸徳（株式会社シンクタンクマインドズーム）
『占いで知る！ココロとカラダのヒミツ』石川享佑（知道出版）
『いいことばかりが次々起こる！幸せを呼ぶ開運氣学』勝沼慧衣（二見書房）
『日替り吉方位取り〜仕事も恋愛もお金も思いのまま〜』Ｋｏａｋｉ（主婦の友インフォス情報社）
『九星方位気学入門』田口二州（ナツメ社）
『気学の知識』平木場泰義（神宮館）
『がんが自然に治る生き方』著者：ケリー・ターナー、訳者：長田美穂（プレジデント社）

富安里佳（とみやすりか）

Concierge de destiny 代表。

運を導く九星氣学アドバイザー。

一般社団法人社会運勢学会会員。

一般社団法人国際風水科学協会会員。

愛知県名古屋市生まれ。幼少時に原因不明の火災に遭い、その後「目に見えない世界」を探究。「宿命」や「生きる」とは何かを見出すために占術の高度な専門的知識や技術を習得する。「目に見えている世界」では、三菱電機（株）などさまざまな企業や職種に携わったが、自身のがんが転機となり、現在では「九星氣学アドバイザー」として悩める人たちの人生を後押しする活動をしている。その適確なアドバイスや開運指導には定評があり、多くのファンをもつ。

HP：http://kuuka-unsei.com　　LINE：富安里佳

生《い》きる望《のぞ》みと願《ねが》いをかなえる方位《ほうい》のちから

2020 年 11 月 21 日　初版第 1 刷発行
著　者　富安里佳
発行者　鎌田順雄
発行所　知道出版
〒 101-0051 東京都千代田区神田神保町 1-7-3 三光堂ビル
TEL 03-5282-3185 FAX 03-5282-3186
http://www.chido.co.jp
印　刷　音羽印刷

ISBN978-4-88664-332-2